常春藤传记馆

温儒敏／主编

爱的守望者

冰心传

盖琳 著

長春出版社
国家一级出版社
全国百佳图书出版单位

图书在版编目(CIP)数据

爱的守望者:冰心传 / 盖琳著. — 长春:长春出版社,2017.1
(常春藤传记馆 / 温儒敏主编)
ISBN 978-7-5445-4697-3

Ⅰ.①爱… Ⅱ.①盖… Ⅲ.①冰心(1900–1999)–传记 Ⅳ.①K825.6

中国版本图书馆 CIP 数据核字(2016)第 291206 号

爱的守望者:冰心传

著　　者:盖　琳
责任编辑:陈晓雷
封面设计:楠竹文化

出版发行:長春出版社　　总编室电话:0431–88563443
编辑室电话:0431–88546966　　发行部电话:0431–88561180
地　　址:吉林省长春市建设街 1377 号
邮　　编:130061
网　　址:www.cccbs.net
制　　版:荣辉图文
印　　刷:长春第二新华印刷有限责任公司
经　　销:新华书店

开　　本:787 毫米×1092 毫米　1/32
字　　数:105 千字
印　　张:7
版　　次:2017 年 1 月第 1 版
印　　次:2017 年 1 月第 1 次印刷
定　　价:19.80 元

总 序

温儒敏

十多年前，我主持人民教育出版社高中语文教材的编写，其中选修课就专门设置有《中外传记选读》一种，我自己还动手编写了这本教材。因为受高考“指挥棒”影响，一般学校的选修课未必真能让学生自主选修，很多选修教材编出来都没有使用，但《中外传记选读》一直很受欢迎，每年都有重印。这让我对传记的阅读推广有了特别的关注。

我还注意到最近三四年高考语文试题命制的一种趋向，无论全国卷还是其他省市卷，阅读题往往都选传记作为材料。比如今年（2016 年）全国卷的甲、乙、丙三个卷子，文言文阅读的材料全是传记，包括《明史·陈登云传》(甲卷)、《宋史·曾公亮传》（乙卷）和《明史·傅珪传》（丙卷）；现代文阅读的实用类文本也多用传记，节选了《吴文俊传》和《陈忠实传》。可见传记阅读越来越受到重视，考试也有意往这方面引导。

中小学语文教材也应当多选一些传记。现在

教育部正组织编写一套新的义务教育语文教科书，聘我担任总主编，这套新教材就选了不少名人传记，并鼓励学生多读传记。

为什么中小学生要多读传记？我曾在《中外传记选读》的前言中说过理由，这里不妨转述一下：

> 同学们都渴望能拥有健全、快乐和成功的人生，现在的学习阶段就在做准备，而且其本身就已经是你人生经历的一部分。我们该怎样设计自己的人生？当然最重要的还是学习。除了学习文化知识，还要从历史人物或者成功的人物身上学习宝贵的生活道理、人生哲学以及获取成功的途径。这就是励志教育，是人生教育中非常重要的部分。人都需要不断添加生活的动力，特别是在年轻的时候，要有偶像和楷模，有高远目标的激励。如同英国思想家培根所说过的："用伟人的事迹激励我们，远胜一切的教育。"让同学们从那些杰出的成功的人物身上吸取人生的经验，从前人多种人生道路的选择中寻找我们各自的"契合点"，这就是我们设立这门课的主要目的。

这里说的"设立这门课的主要目的"，其实

也是我们推出这套“常春藤传记馆”丛书的目的。

“常春藤传记馆”丛书由北京大学语文教育研究所组织编写，长春出版社出版。全套丛书初步设定为100种，每本10万字左右，其选目、内容和写法都是为中小学生“量身定制”的。我们希望这套丛书能作为基本图书进入中小学图书馆。和其他同类传记图书相比，“常春藤传记馆”丛书有四个特色：

一是传主覆盖范围广。包括中外古今各个领域的名人，涉及政治、军事、科学、实业、社会活动、文学、艺术、革命等领域。重点考虑有代表性的、在精神层面可以给学生激励的那些名人。

二是和课程教学有呼应。中小学除了语文，各个学科的教材和教学都会涉及中外古今各个领域的著名人物，选择主题首先考虑这一情况，选取学生有所接触又可能希望进一步了解的那些名人。这可以满足学生不同的兴趣爱好。

三是专门为中小学生编写。本套传记不是专业性强的评传，而是重在勾勒传主生平事业贡献的小传，内容和文字力求深入浅出，生动形象，有趣有味。阅读对象接受水平可以定位在初中程度，也可以稍高一点。特别是有些理科方面的传记，主要面对高中生。其实，小学生的课外阅读

也要取法乎上，他们可以读这套为中等文化水平的读者设计的书。

四是内容安排上特别注重励志及健全的人格心理引导培养，在叙说传主生平事迹时，适当地自然地凸显这些方面的思考。

丛书取名“常春藤传记馆”，有特别的含义。“常春藤”是一种多年生常绿藤类灌木。美国哈佛大学等几所著名的私立大学，组成体育联盟，叫“常春藤盟校”，其起名是因为这些老校的校舍墙上常攀缘有常春藤。本丛书以“常春藤传记馆”作为标识，是虚拟的意象，可以联想到著名的学府，也可以联想到古代的书院，从而营造浓郁的阅读氛围和宁静的心境。另外，“常春”和“长春”同音，暗含这套丛书是由长春出版社出版的。

但愿广大师生喜欢这套书，也期盼大家提出批评建议，共同来经营好这套书，让“常春藤传记馆”更好地满足广大读者，特别是中小学生课外阅读的需求，满足语文教学的需求。

2016 年 6 月 30 日济南历下

（温儒敏，山东大学一级教授，北京大学中文系教授，教育部聘义务教育语文教科书总主编）

目录 contents

第一章　从“野孩子”到灵秀少女 / 001

长女降生 / 001

海的“女儿” / 005

书海畅游 / 016

文墨少女 / 025

重返福州 / 030

第二章　北京胡同里的新生活 / 037

谢家大院 / 037

贝满女中 / 043

第三章　“五四”惊雷震文坛 / 051

爱国雏鹰 / 051

问题小说 / 056
燕大生活 / 065
爱的哲思 / 073

第四章　光阴三载海外求学 / 081

行前别绪 / 081
瀚海横渡 / 087
异国思乡 / 094
青山疗养 / 098
爱情甜蜜 / 107

第五章　小家庭初尝人生甘苦 / 115

执教燕园 / 115
同心永结 / 125
为母侍疾 / 130
小家之乐 / 135
学术伉俪 / 141

第六章　携儿挈女西南漂泊 / 151

再见北平 / 151
家在昆明 / 156
歌乐山上 / 161
抗战胜利 / 171

第七章　战后访东瀛羁旅 / 175

以爱化恨 / 175

辗转归国 / 182

第八章　人生黄昏静看风雨 / 187

友好使者 / 187

风雨如晦 / 194

老骥伏枥 / 204

生命陨落 / 211

第一章
从“野孩子”到灵秀少女

长女降生

冰心原名谢婉莹，祖籍福建长乐，1900 年 10 月 5 日降生于福州城内的隆普营。

冰心的祖父谢銮恩是一位教书匠，在光禄坊内的道南祠开设书馆以授徒为业，与严复、林纾等读书人都有交往。冰心的父亲谢葆璋是谢老先生的第三个儿子。谢葆璋 17 岁那年，谢老先生的朋友严复来故乡招募海军学生，谢葆璋成功通过了考试。之后他便穿着一件旧棉袍离开了故乡，开始了自己的海军生涯。女儿降生的时候，冰心的父亲谢葆璋作为清朝的海军军官正在千里之外祖国的大海上巡行。此时的他已经从昔日“威远号”上的枪炮二副升迁为“海圻”巡洋舰的副舰长了。

翻开谢家的族谱往上追溯，便知道谢家并非名门望族出身，而是一位饱受欺侮的农民裁缝的后代。冰心的曾祖父以达公是福建长乐横岭乡的一个贫农，后来因为天灾逃到城里学做裁缝。春节的时候曾祖父出去要账，却因为不识字被顾客赖了账。无米下锅的曾祖母在家中得知这件事以后，绝望地走到墙角的树旁想要自缢，幸亏被曾祖父及时发现才救了下来。这对穷苦的夫妻受到欺侮却无能为力。从此他们便立志一定要让自己的儿子读书识字以改变这种悲惨的命运。于是，他们的儿子也就是冰心的祖父谢銮恩背负着双亲殷切的期望，日后果真通过读书进学改变了自己的命运。等到了冰心这一代时，谢家虽然已不再是当初的农民之家了，但懂事后的冰心知道这件事以后，还是坚持在填写籍贯的时候写“福建长乐”而非祖父进学的地点“福建闽侯”。她是想借此提醒自己不要忘本，她的根本就是扎在田地里而非什么“乌衣门第”。

冰心的母亲杨福慈出身于书香门第，是一位性格温柔、知书达理的贤妻良母。她与谢葆璋的婚事虽是由父母包办，但自从 19 岁嫁过来之后，小夫妻的感情却一直很好。

甲午中日海战时，谢葆璋作为“威远舰”的枪炮二副参加了海战。在大东沟决战中军舰被击沉，谢葆璋泅水到了大东沟，后又赤足走到刘公岛，几经辗转才死里逃生最终回到故乡福州。因为那时海军中有不少福州人，海战爆发后周围许多户人家都糊上了白纸门联，哀悼在战争中不幸丧命的亲人。丈夫的杳无音信让远在家乡的母亲杨福慈一边为他的生死安危揪心，一边也做好了最坏的打算——她悄悄地买了一盒鸦片烟膏，准备一听到丈夫阵亡的消息自己也服毒自尽。好在所有的担心最后并没有发生，上天还是很垂怜这个小家庭的，在一个明月当空的夜晚，落魄瘦削的父亲叩响了家里的门……

冰心出生时，谢家的一大家族人一起住在祖父租来的大宅子里，冰心的降生使这个大家族中添齐了三个女孩儿，家里园中也第一次开出了象征着圆满吉祥的三蒂莲花，祖父高兴地说这叫应了花瑞了。在冰心出生之前，母亲生下的两个儿子都过早夭亡了，所以父母亲对冰心格外地疼惜，视这唯一的长女为掌上明珠。虽然冰心在福州出生，但是对于这美丽的榕城风光她还没来得

及领略分毫便跟随父母亲离开了故乡。冰心记忆中关于福州的印象基本是在十几岁后再次重返故乡时获得的。但是长大后的她对福州这个父母之乡依然念念不忘，她深知自己的根永远深扎在这山明水秀的南国之城。

冰心刚满 7 个月，他们一家就因谢葆璋工作的原因，不得不离开福州去往上海生活。原来谢葆璋所在的“海圻”属于北洋水师，船只少有机会开到福建的港口让他与家人团聚，而上海则是一个每隔一段时间就会有军舰停泊的大港口，于是，把家搬到上海更便于谢葆璋同家人团聚。

谢葆璋在上海的昌寿里找好了房子，置办妥当后就把家人接了过去。经过一番准备，1901 年 5 月的一天，冰心一家人从福州马尾乘轮船前往上海。在船上只有 7 个月大的小冰心还在母亲的怀抱中就已经咿咿呀呀地唤出了“妈妈”和“姊姊”。抵达上海后，父亲见到可爱的女儿就用手指去轻点她的小腮帮，冰心就咯咯地笑起来，父亲自豪地说自己的女儿会笑了。母亲却接话夸自己的女儿不仅会笑了还会叫“妈妈”。父亲虽然偏爱孩子，却无论如何也不相信半岁大的女儿会开口说话，于是争论之下这件事也成了这个小家庭中一桩解不开的“疑案”。

在上海的生活，最幸福的时光无疑就是父亲上岸休假的时候。夏天的黄昏，谢葆璋会带着妻女坐着马车去黄浦滩兜风。这时的冰心人虽小，但打扮得却得体又讲究。她穿着白洋纱衣裤，手脚上还戴着银镯子，这身打扮让路人纷纷赞叹。冰心的这一身行头出自疼爱小孙女的继祖母之手，心灵手巧的继祖母总爱给冰心做些漂亮的衣服，把她打扮得精神可爱。

冰心从小就受到来自家庭的关爱与呵护，在这种爱的包围下，她形成了健全的人格和健康的品质。而这个早慧的孩童也给这个家带来了无限的欢乐。

海的“女儿”

如果说，福州是冰心的父母之乡，那么烟台则当之无愧算得上冰心的第二故乡了。差不多从冰心 3 岁起一直到十几岁，她童年的大半时光是在烟台度过的。沐浴着海风，聆听着海浪，漫步在海边，在滩上捡拾精美的贝壳，不知不觉间小小的人儿就慢慢长大了……

1903 年谢葆璋奉命到烟台出任海军训练营营

长，同时肩负着筹建水师学堂的任务，谢葆璋担任首任监督（校长）。就这样出于父亲工作调动的原因，冰心一家又从上海迁到了烟台。初来烟台，他们住在城内的海军采办厅，后又迁至烟台东山北坡上的一所海军医院寄居，最后才搬到东山东边的海军训练营旁边新盖的房子里。

幼年的冰心非常惹人疼爱。早晨起来，母亲要给冰心梳头，由于头发太短再加上她好动，所以小辫子总是梳不起来。这时，父亲就从旁帮忙，他拿着照相匣子喊道：“站好了，站好了，要照相了。”并装作要照相的样子。小女儿果真被吸引，乖乖地安静下来，而忘记了梳辫子的事情任由母亲摆弄。父母亲每次都是这样将就着将她又短又粗的两个小辫子梳好。长大后的冰心回忆这件事时，还不忘打趣童年时的自己太好骗，竟然从来没想到向父亲要相片。冰心三四岁的时候，父亲带她到军舰上去。大人为她换上衣服，她自己却不知何时把一只小木鹿放进了靴子里。到了船上，冰心一直让父亲抱，自己一步也不肯走，把她放在甲板上，她就一跛一跛的。大家看着好奇，就脱下她的靴子，发现里面竟有一只小木鹿，谁也不知道她什么时候放进去的。大家都被可爱的冰心逗乐了，嗔笑她自己不会说出来。这些天真烂漫的幼年趣事都是冰心后来从母亲的口中听说的。

冰心搬家到烟台，冥冥中仿佛是命运故意安排了她与大海的缘分。她在海边生养、长大，海既像是看着她长大的慈母又好像是一位忠诚地陪她玩耍的伙伴。在与海的日日相伴中冰心对大海的感情得到了沉淀，童年的涛声与海浪沉沉地潜入她内心深处，成为她终生魂牵梦萦的精神原乡。海的博大精神启迪着冰心早慧的心智，为她的性格提供了静默却又博大的榜样，甚至在日后的文学之路上冰心也难以离开烟台那一片海无声的滋润。正是烟台的美好时光无形中赋予了冰心成长中无尽的宝藏，带给她潜移默化的影响。

冰心常常一个人抱膝坐在门口的石阶上，沉默地注视着大海，任凭自己的想象和思绪驰骋。她成年之后，母亲曾向她追述过这样一段往事：

> 晚餐的时候，灯光之下，母亲看着我半天，忽然想起笑着说："从前在海边住的时候，我闷极了，午后睡了一觉，醒来遍处找不见你。"
>
> 我知道母亲要说什么——我只不言语，

我忆起我5岁时的事情了。

弟弟们都问:“往后呢?”

母亲笑着看着我说:“找到大门前,她正呆呆的自己坐在石阶上,对着大海呢!我睡了3点钟,她也坐了3点钟了。可怜的寂寞的小人儿呵!你们看她小时已经是这样的沉默了——我连忙上前去,珍重地将她揽在怀里……”

母亲眼里充满了欢喜慈怜的泪珠。

父亲也微笑了——弟弟们更是笑着看我。

母亲的爱,和寂寞的悲哀,以及海的深远:都在我的心中,又起了一回不可言说的惆怅![1]

因为大海,因为海边军校的环境,因为父亲军人的身份,冰心的童年经历才与众不同。除了对海洋的特殊的依恋与情愫,她所频频接触到的军人以及她身处其中的军营生活,也给她带来与其他孩童不一样的童年体验。军营与大自然的日

---

①卓如编:《冰心全集》(第一册),福州:海峡文艺出版社,2012年,第466页。

夜陪伴让这个小女孩的成长多了些放养式的粗犷。幼小的冰心像一匹不羁的小马、一个大自然的“野孩子”自在地奔游于山海之间。

有段时间，母亲教冰心识字，刚开始她还觉得很新鲜，后来时间一长就感到枯燥无趣了。贪念着外面世界的丰富多彩，她拼命地想往外跑。母亲怕女孩子经常在外面跑会变野，便想方设法地哄她留在家里。有一天，母亲怎么哄也不见效果，她只好把家里的门拴上了。可是这个“野孩子”还是一心想往外跑，母亲就吓唬她说父亲在外面拿着马鞭，如果她出去就要挨打。门外的父亲不得不配合母亲，用马鞭敲几下桌子给冰心听。舐犊情深的父亲从未将马鞭落在女儿的身上，所以根本吓唬不住这个“野孩子”。小冰心不仅平时自己跑出去玩，还总要跟父亲出去玩，父女俩山上山下跑，直到薄暮时分才回家。气喘吁吁的小冰心从外面跑进屋，用甜美的声音报告着：

“翁妈，我回来了。”

母亲看着女儿通红的小脸，心中又爱又怜，同时又担心自己的孩子长大了还这么野可该怎么办。结果父亲的一句话让母亲无话可说，“你的孩子，长大了还会野吗”？后来事实也证明，母

亲的忧虑是多余的。童年时期自由的天性不但没有让冰心变成一个野孩子，反而赋予了她自然率真的性情。

在北坡上有一座旗台，是水师学堂的学员们练习旗语的地方。冰心经常能够看到身着白色军装的叔叔们整齐地站在旗台下，手中挥舞着彩色的旗子。冰心被眼前的场景深深地吸引了，她央求父亲也带她去旗台上玩耍。父亲语重心长地告诉女儿旗语的用处，让她知道这不是能随便玩的。原来由于军舰在海上航行的很远，岸边的人不能靠声音给船上的人传递信息，只好借助彩旗来传达信息。听完了父亲的解释，冰心似懂非懂地说：“那我打着旗子，爹爹就知道我说的话了。”那高高的旗台从此便成了冰心的向往之地。

一个黄昏的傍晚，父亲吃完晚饭就出门了。发现父亲不在家后，冰心就出门寻找。她遥遥地望见北坡旗台上的点点亮光，断定父亲一定去了旗台。没有事先告诉任何人，勇敢的冰心就独自上山去找父亲了。夜色中的东山已经有狼出没了，有一头狼一直跟在冰心的身后。寻父心切的冰心向山上喊着“爹——爹——”。

听到女儿呼喊的父亲担心着女儿一个人的安

危，也赶忙从山上下来接她，为了给女儿壮胆，他也长长地呼唤着女儿的名字。

星光闪烁在黑色的夜空里、映照在海面上，父女俩的呼唤在苍茫的天地间此起彼伏地飘荡着……当父亲快走近女儿身边时，才发现她身后尾随着一头狼。保护女儿心切的父亲冲到冰心身边，用从旗台上拿来的石板将狼吓退了。冰心一路走来因为想见父亲的心情太迫切，压根儿没有察觉身后还尾随着一头狼。虚惊过后，父亲带着女儿爬上北坡，父女俩站在旗台上，仰望头顶的星空。父亲耐心地指着夜空中的星星告诉女儿每一个星座的名称和位置。这位海军军官夜夜在海上航行靠的都是这些星座辨别方向。他对每一颗星星都怀有深厚的感情，是它们为每一个水兵照亮了回家的路，见到它们就如同见到熟悉的朋友。父亲的情绪也感染了冰心，她抬起头再看那些星星的时候也感到了某种亲切。

烟台水师学堂建在东山的半坡上，距离城区有一段路程。从学堂去城区的交通工具只有几匹骡子、马和毛驴。一匹白色的老马和一匹黄色的小马是学堂里仅有的两匹马，学堂就靠着这两匹马去山下的城里取信件。这两匹马被马夫董起山

喂养得膘肥体壮。

一日，冰心正要睡午觉，表哥谢为仪进来悄悄地跟表妹说，叔叔正在骑那匹白色的好马。贪玩好动的冰心马上没了睡意，忙问父亲在哪里。听表哥说在山下，她按捺不住激动的心情拔腿就跑。焦急的心情驱使她像一阵风呼呼地跑下山去，急得奶妈在后面高喊小心，生怕冰心失足滑到山谷里。

转过一个高岗，冰心终于看见父亲了，他正骑着白马在宽阔的平野上驰骋。气息还未喘匀的冰心冲着马儿便大声喊："爹爹，爹爹！"

听到女儿的呼喊，父亲停住了马儿，立在平野里。等冰心跑上前去，父亲慈祥地注视着女儿，用马鞭轻轻点着她的头，问道；"睡得好好的，又出来做什么？"

冰心也不回答，只是张着双臂说："我也上去。"

一向宠爱女儿的父亲自然拗不过女儿的"无理要求"，只得跳下马来。他将缰绳用力地牵好，帮着冰心爬上了马背。一直从旁观看的董起山叔叔走过来，拉住辔头让白马缓缓地走了起来。冰心觉得自己骑才有乐趣，就央求叔叔放手让她一个人试试。考虑到她的安全，董起山还是牵着马儿不放："这马野得很，姑娘管不住，我快些走就得了。"

就这样，董起山控制着马儿，冰心坐在马背上感受到海风从耳边吹过，第一次骑马的感觉竟然是快乐与恐惧并存，不过新鲜感克服了恐惧感，她骑在马上不愿意停下来。父亲害怕女儿摔下来就劝她不要再骑。冰心却笑盈盈地对父亲说自己再学骑 10 年的马就可以像父亲一样做一位军人了。

一天，父女俩像平常一样一前一后地骑着马儿去海滩捡贝壳。途中经过东山脚下的一个山寨，村子里有一条石板铺成的路是下山的必经之地。父女俩骑着马儿从石板路上走，马蹄敲打着石板发出清脆的声响。村里的孩子们闻声都跑到路边看热闹。突然，有一个刚学会走路的小娃娃颤颤巍巍地闯到了路上。看到此景，情急之中的父亲赶忙跳下马来准备把孩子抱走。孰料，驮着冰心的那匹大白马居然从容地绕开了小娃娃，保证了两个孩子的安全。紧张的父亲立马抱走了孩子，把他交到了惊慌失措的母亲怀中。惊险的一幕并没有上演，大家也随之舒了一口气，而这一切都要归功于那匹白色的老马。父亲轻轻地拍了几下白马的脸，表示赞许和感谢。当父女俩回到家把这次经历讲给母亲听后，母亲也夸赞这匹白马通人性，不然自己的女儿就要闯下大祸了。

10岁之前的冰心几乎没有穿过女装，因为要在军营大院里跟着父亲一起巡行，为了便利起见她是一直着男装的。除了骑马，冰心还跟着父亲学会了如何划船、打枪。随着父亲登上军舰参观、拜访海军的统领也是寻常之事。烟台十年，冰心度过了无忧无虑的童年，孩童好奇、贪玩、天真的本性不但没有被压抑反而被释放得淋漓尽致。在亲人们的关爱呵护下，在一方水土的润养下，在军营氛围的熏陶下，冰心的身心获得了健全地发展。不过彼时中国所处的时代环境却不稳定，没落的封建王朝被西方列强蚕食，整个国家与无数的小家庭都在遭受着苦难。虽然冰心还很小，但她也能不经意间从父亲身上感到那种国恨家仇的痛心。

一次，父亲下班后和冰心去看海。太阳要隐隐沉下海平面，在云霞光辉的笼罩下，对面的芝罘岛仿佛也成了一片若隐若现的浮云，灯塔上的灯不时射出光芒。此情此景中，父亲却抱着膝盖沉默无语地坐着，冰心想打破沉默，便说道：

“爹……烟台海边就是美，不是吗？”

父亲听了这话感慨道：

“中国北方海岸好看的港湾多的是，何止一个烟台？你没有去过就是了。”海上经验丰富的父亲举出了威海卫、青岛、大连湾这些女儿没有听过的地方。冰心听后便要求父亲有机会也带她去看一看。听了女儿的话，一向脾气温和的父亲突然激动起来，他捡起了一块卵石狠狠地向海浪上投掷过去，说：“现在我不愿意去！你知道，那些港口现在都不是我们中国人的，威海卫是英国人的，大连是日本人的，青岛是德国人的，只有，只有烟台是我们的，我们中国人自己的一个不冻港！”①

语气严肃、言辞激烈的父亲给冰心留下了深刻的印象，以至于长大后的冰心还能够回忆起当时的场景。谢葆璋对女儿的爱国主义教育并不是机械的说教而是言传身教。作为一位海军军官，他去过许多国家，祖国的弱小使他们遭受过许多

① 卓如编：《冰心全集》（第六册），第 57 页。

不公平的歧视，这些都深深地刻在他心中。父亲一心想要通过海军军校来培养人才、强壮海军队伍，无奈腐败的现实问题又束缚他的手脚。那一次谈话，他面对着空阔的大海、辽远的天空，把女儿当成了一位平等的谈话对象，吐出了内心的郁结。在女儿面前不自觉地流露出的爱国情感深深地震撼、打动了年幼的冰心，在她懵懂不知世事的心中种下了爱国的种子。

书海畅游

如果说成长的外部环境为冰心的性格打上了一层深蓝的底色，那么读书识字则为她的成长开启了一个五彩斑斓的新世界。冰心默默埋首、孜孜不倦地沉浸在书的海洋中。古今中外的书籍是先贤智慧的沉淀，点亮了探索世界的心灯。

冰心从 4 岁就开始识字。出身于书香世家，家族世代是清朝的学官的母亲，她想让自己的女儿成为一个知书达理的人。最初，母亲通过一张张字片教冰心识字，从最简单的“人”“手”“足”“山”“江”“河”开始。早慧的冰心学得很快，往往只读了两遍就可以自己拿着卡片念了。

冰心一家刚搬到烟台的时候住在城内的海军

采办厂，所长叶茂藩先生让给他们一间北屋居住。南屋的三间客厅则是谢葆璋的办公室和会客厅。由于南屋和北屋连在一起，每次父亲去办公，冰心就像小尾巴似的也跟着去。她在一旁坐了不一会儿，就忍不住张口说话。一会儿问父亲在做什么，一会儿又问桌子上的东西都是什么。

尽管父亲对女儿疼爱有加，但刚上任的他对处理的公务不能有丝毫的含糊，女儿的“捣乱”总不能让他静心办公。无奈的父亲注意到南屋的客厅里挂着的一副长联：

此地有崇山峻岭茂林修竹

是能读三坟五典八索九丘①

于是，他想到了通过让女儿认字来转移她的注意力。他指着那副对联用商量的语气对女儿说：“你也学着认认字好不好？你看那对子上的山、竹、五、八、九这几个字不都很容易认的吗？”父亲这招真有了效果。冰心顺从地接过父亲递过来的一支笔和一张纸，安静地坐在父亲旁边开始学字。她抬起头看一眼对联上的字，再低下头按照字形将字写在纸上。她专注于这抬头、

①卓如编：《冰心全集》（第六册），第230页。

低头之间，竟然将这二十二个字都写会了。没想到父亲的无心之举，竟然意外地引导着女儿自学了一副对联。这副对联可以算是冰心学习认字的第一篇课文了。父亲充满耐心地循循善诱、由易入难的学习过程帮助冰心更好地进入到识字的状态，而不会产生抵触心理。机智的父亲也由此获得了片刻宁静。

冰心的舅舅杨子敬先生到烟台后，兼任家塾里的教师，教冰心的堂兄和表兄们学习。父母亲商量后，决定也让冰心跟着一起学习。舅舅给孩子们讲授的课本是商务印书馆出版的国文教科书第一册。课本里的内容是从“天地日月”开始的，而这些根本难不倒之前已经有了一定识字基础的冰心。所以家塾里的学习生活对于冰心而言是轻松、快乐的。

舅舅知道冰心爱听故事。为了让她多读书，舅舅就采用讲故事的方法来鼓励她。告诉冰心，你要好好做功课，等你把功课做完，吃过晚饭，我就讲故事给你听。

冰心听了高兴地直拍手。平时吃晚饭的时候，冰心总是注意力不能集中，一边吃饭一边东瞧西看。不是看挂在墙上的字画，就是盯着自己手中筷子上的花纹看。因此，母亲总是在她吃饭的时候督促她。可是今晚的冰心却反常，她很快就吃完了自己的饭，还调皮地对父母亲说："爹爹，慢慢吃！翁妈，慢慢吃！"吃过饭洗过脸，她就迫不及待地端起小椅子，等待着舅舅的到来。

舅舅讲的第一部书是《三国志》。冰心之前在母亲、奶娘那里听到的都是牛郎织女鹊桥相会、梁山伯祝英台变蝴蝶的故事，相比之下舅舅讲的三国故事可要精彩、刺激多了。冰心被曲折的情节深深吸引，每当听到故事的节骨眼上，舅舅就要故意吊起她的胃口说，"预知后事如何，且听下回分解"。被故事情节抓住的冰心就会缠着舅舅再多讲一回。

这些生动的故事好像住进了冰心小小的脑子里，赶也赶不走。晚上入睡的时候，故事情节就会浮现在脑海中，有时回味这些情节甚至让冰心激动得难以入睡。就这样，听故事着了迷的她每天都期待着晚上舅舅讲故事的时间。甚至为了讨舅舅的欢心让他多讲一些，冰心在白天的功课上也格外用功。

可是舅舅除了给孩子们做老师，他还要协助谢葆璋做一些文书方面的工作。有时候忙起来，

晚上就没有时间给冰心讲故事。一连几天，冰心就像是热锅上的蚂蚁。她围着舅舅，在他的身边故意地转来转去，盼着他能够早点完成工作。但是直到她就要上床去睡觉了，舅舅桌上的文件还有许多等着处理。有时候，冰心还会故意地站到舅舅桌子旁边轻轻地叹气，希望能够引起舅舅的注意。可是在全神贯注的舅舅面前，冰心的这些“小伎俩”统统没有发挥作用，舅舅始终没有领会冰心的“暗示”。舅舅的无暇顾及对冰心而言却也未必全是坏事，因为这反而帮助了冰心“颤颤巍巍”地走进了书籍的世界。

由于太想知道那些人物的命运，按捺不住内心的煎熬，她只好自己拿起《三国志》开始看。一开始，冰心也不是全部都懂，但是因为有些内容在书中反复出现，她就根据上下文猜测它们的意思，渐渐地居然就看懂了。这个不足 7 岁的小孩子，就这样在边猜边看、边看边猜中，囫囵吞枣地读完了一整本《三国志》。开了这个头之后冰心的读书欲望便一发不可收拾，她又开始阅读其他书籍，《水浒传》《聊斋志异》等被她一本本地“啃”了下来。本来读这些书籍对于冰心那个年龄的孩童而言是一件“苦差事”，但是受好奇心的驱使，冰心却在阅读中体会到了快乐和成就感。

她深深地投入到书中的小天地而不能自拔。每天她拿起书就不会再放下，头也不梳、脸也不洗，以前经常去的海边也不去了，“野孩子”的心就这样被书收拢回来。母亲看到女儿“走火入魔”的痴迷样，感到一丝丝担忧。母亲敦促她放下书去海边散散步，她不听。母亲让她洗澡，她却在澡房里偷偷看书，最后洗澡水都放凉了，她全然不知依然埋头看书。这一幕被母亲发现了，把她手中的《聊斋志异》夺过去撕成两段。冰心不哭不闹只是胆怯地看母亲，又看看那本书，她慢慢地挪过去从地上捡起残破了的书，又蹲在原地读了起来。母亲被女儿的举动搞得哭笑不得，原本生气的她反被逗乐了。

冰心读过《三国志》以后，也学着舅舅的样子把故事讲给别人听。一个小丫头张口就能说故事，大人们都觉得非常新鲜有趣。谢葆璋的同事们听说他家有位会说故事的小小先生，便对跟着爸爸去军营的冰心格外关注。那些常年在大海上航行的军人们特别喜欢这个小女孩。冰心穿着黑色带金线的小军服，佩带着一柄短短的军刀，俨然是一个十足的小军人。听说她会讲故事，军人们就把她抱到圆桌上，她站在圆桌的中间给大家讲三国的故事。起初，冰心还有些不好意思，她看向父亲寻求帮助，结果父亲投去了鼓励的目光，冰心也就鼓足勇气讲起来……她一张口，大家就被她那严肃认真的模样逗笑了。冰心也不理会就按照书中的内容接着往下说。军人们很喜欢这个聪明伶俐的小姑娘，讲完一段总要求再来一段。为了奖励这个聪明好学的小女孩，友好的水兵们还把自己在航行中作为消遣的小说包好了送给她。上了码头后，小冰心兴奋地在前面跑着，身着白色制服的水兵就抱着书将她一路送回家。

回到家后，她就迫不及待地打开包翻看着那些书。水兵们给的书不是传统的中国小说而是比较新鲜的外国文学——由商务印书馆发行的欧美名家小说。就这样她在名著之外又接触到了《孝女耐儿传》《滑稽外史》《块肉余生述》等欧美文学。因为当时商务印书馆发行的书后面都会印有书目，冰心看到了同为林纾翻译的其他小说的名字，就按照书名再去寻找别的小说来读。到了11岁，这个聪颖勤奋的女孩子竟然读完了商务印书馆发行的全部“说部丛书”、《西游记》、《水浒传》、《天雨花》、《东周列国志》等等。她特别喜欢《块肉余生述》，主人公大卫·考伯菲尔一出生就没有父亲，后来母亲还改嫁他人。他有一个不幸的童年，四处漂泊、饥寒交迫。冰心一面为他悲惨的童年落泪，一面将母亲买给她做点心的小面包塞到自己嘴里体会着自己的幸福。母亲看到她的举动，就说："你这孩子真奇怪，有书看，有东西吃，你还哭！"冰心从小就生活在一个父慈母爱的幸福家庭，但是她并没有在幸福的生活环境中丧失对爱的感受力，这个心思细腻敏感的小姑娘通过书籍打开了眼界，了解到这个世间美好与爱之外还有种种的悲惨与不幸。这让她更加珍惜眼前的生活，也在日后渐渐形成了她"爱的哲学"。

冰心的家庭是一个思想进步的家庭，不仅冰心的父亲曾经亲自在海战中与敌人作战，这个家庭中更年轻的一辈也追求着思想的进步。当时，孙中山先生成立了同盟会，反对清朝的腐败统治。冰心的几个舅舅都是同盟会的会员。小舅舅杨子玉是母亲的叔父杨颂岩先生的儿子，冰心的母亲幼年时失去父母，从小在叔父家长大，所以对这个表弟如同对待自己的亲弟弟一般。

当时，杨子玉在唐山的路矿学堂读书，每年夏天学校放假他就到烟台的姐姐家来度假。年轻的小舅舅总是会讲很多新鲜的故事，深受家里孩子们的喜欢。舅舅绘声绘色地给孩子们讲林则徐销毁鸦片、洪承畴卖国的故事等，孩子们都非常爱听。杨子玉还有一个装满了书的箱子，里面都是同盟会宣传革命进步思想的小册子，比如《民报》的临时增刊《天讨》，登载的都是激烈揭露清政府腐朽堕落，主张推翻这个没落王朝的革命言论。这些书在革命者之间以非常秘密的方式传递，如果被清政府爪牙抓住轻则判刑，重则杀头。即便冒着种种风险，革命者们坚定地在地下偷偷传递着革命的火种。冰心的母亲也帮助他们用肉松筒或者茶叶罐做伪装传递过进步的书籍，而冰心也从旁给母亲打下手。后来，冰心还写文章回忆此事：

> 30 年前，我的几个舅舅，都是同盟会的会员，平常传递消息，收发信件，都由母亲出名经手。我还记得在我 8 岁的时候，一个大雪夜里，帮着母亲把几十本《天讨》，一卷一卷的装在肉松筒里，又用红纸条将筒口封了起来，寄了出去。不久收到各地的来信

说："肉松收到了，到底是家制的，美味无穷。"我说："那些不是书吗？……"母亲轻轻的捏了我一把，附在我的耳朵上说："你不要说出去。"①

所以不许小孩子们翻看，但是越禁止越激起了孩子们的好奇心。小伙伴们就怂恿着冰心趁舅舅外出的时候把书从箱子里偷出来，看完以后又偷偷地放回去。这群对世界还懵懂无知的孩童，居然也早早地接受了革命理论的"熏陶"。

文墨少女

冰心具有一位作家的天分在她童年时期就已经初露端倪。她不但喜欢读书，而且也很有书写和表达的积极性。好像写东西对她来说是一件信手拈来的小事，写出来的东西也要比同龄的孩子要好一些。

本来让冰心入家塾的书斋读书，父亲也并没有寄予女儿太高的期望，因此先生对于冰心要求得也比较宽松。有一次，先生让其他的孩子练习写字，冰心发现别人都在埋头写字只有自己无事

①卓如编：《冰心全集》（第二册），第516页。

可做，放学时她主动找到先生要求也要跟大家一样学习写字。于是，先生也给冰心订了一册练字本。那是用厚厚的一摞毛边纸裁剪而成的，冰心自己动手捻好了纸钉子。

冰心拿到这个本子感到无比的心满意足，此后她上课的时候也能像大家一样写字造句了。因为起步比别的孩子晚，冰心先由单个的字写到词语，然后才是造句子，当她写短句的时候别人已经开始练习写短文了。虽然由于开始的晚有些落后，但是冰心却显示出她过人的文思，摘录几句如下：

> 尤无——游荡之士，无爱国之心；为官之人，尤无爱国之心。
>
> 更不——灭族之惨不忍闻，亡国之惨更不忍闻。
>
> 更非——为同族之奴隶非人所忍受，为异族之奴隶更非人所忍受。[1]

先生慧眼识珠，决定让冰心做短文来看看她

①卓如著:《冰心全传》,石家庄:河北教育出版社,2002年,第28页。

的水平，就出了一个题目“学然后知不足”让她回家去做。冰心结合着自己读林纾翻译书籍的感受写成短文一篇。先生看后，批了“赏小洋一角”作为肯定。冰心“领了赏”便托马夫董起山早晨下山的时候去市区的书店买一本一角钱的小说。就这样，写作鼓励了读书，读书又充实了写作，冰心尝到了写作与阅读的快乐。

在冰心 10 岁那年，南方老家的表舅王夆逢来到烟台，他接替舅舅杨子敬成为家塾里的教师。通过与冰心的几次交流，他发现了这个孩子的“吐属风流”，但是每次冰心都会把平日里在各种地方学到的句子运用到谈话中，比如天后宫、龙王庙的匾额、碑碣，甚至是香烟画片上的格言短句也被她“挪用”到谈话中来。那时冰心除了看《三国志》，只要是字都很注意。于是零零散散地在脑海中“收集”了各种各样的字词句片段。表舅却认为她接触的东西太“三教九流”，应该系统性地学习和读书，便建议自己的女学生读书当精而不滥。于是在表舅的帮助下，冰心除了学习《国文教科书》外，《论语》《左传》《唐诗》《饮冰室自由书》这些古典文学也慢慢加入到学习的内容中。这样的教学内容引起了冰心对于唐诗极大

的兴趣，她不但能够流利地背诵许多名篇，有时候甚至会根据眼前的情形从脑海中调用出一首唐诗来表达感情。早上起床，她对着窗户吟诵《春晓》，带动着只有 4 岁的大弟谢为涵也跟着姐姐咿咿呀呀地念诵。

渐渐地，她不再满足于背诵唐诗，自己也想尝试写诗，于是她主动要求老师教她作诗。学作诗要从学作对子开始，冰心不自觉地联想到自己在天后宫看到的对联，心中便大体领悟了几分。当老师顺口说了“鸡唱晓”，她不假思索地说出“鸟鸣春”。原来这又是她从香烟画片上活学活用来的，之前她看到的内容是“以鸟鸣春，以雷鸣夏，以虫鸣秋，以风鸣冬”。老师对自己的女学生颇感诧异，还以为她曾经读过韩愈的《送孟东野序》。这个聪明的小姑娘，不但读起书来废寝忘食，当她感受到某一事物的乐趣时也能够专注其中。而这个家庭良好的读书氛围更为她日后发展文学爱好提供了得天独厚的优势。

小舅舅杨子玉和父亲谢葆璋喜欢作诗，夏天小舅舅来度假时总要拉来父亲的朋友在家中举行几次诗会。每到举行诗会的时候，冰心就会跟着小舅舅到书房布置桌椅，然后将作为礼物的小扇子放置在书桌上。等晚饭一过，诗会开始，冰心就和几个堂兄随意地围坐在大人们的周围旁观。大家先选定题目，然后燃起一炷香，在香燃尽的时间里把诗作好。每到这时，冰心总是希望香燃得快一点，好让她早点知道大家都写了些什么。这一次诗会的主题是窗外正在鸣叫的蟋蟀。父亲的诗作带有军人的本色和抱负，而小舅舅的诗在语言上则略胜一筹。小舅舅开学返校后，还会偶尔把自己作的诗寄来，让冰心能够慢慢领略。

童年时期的冰心不但尝试了写诗，还自己写过一部白话小说，这是她模仿《三国志》《水浒传》的风格写的《落草山英雄传》。因为掌握的词汇量不够，所以老是用“金鼓齐鸣”“刀枪并举”这样的描述，后来她觉得无趣便不再写了。心有不甘的冰心又借用《聊斋志异》的体裁，写了文言体的《梦草斋志异》，还是因为所写的话总脱不开那几句“某显者，多行不道”，便也搁笔作罢了。

这段童年时期的“杂食动物”般的读书、练笔经历，恰好给了冰心充分接触各类风格作品的机会，她的视野没有被约束和捆绑。博大的传统文学她有所涉猎，浅显的画片宣传语她也颇有用心，新奇的外国小说她沉醉其中，古诗的魅力她也深感喜爱。这位文字充满母爱、舒缓雅致的女作家，童年时期的写作练笔居然从“打打杀杀”的文学开始，这种反差不禁让人莞尔一笑。然而恰是这“乱无章法”的读书门径，为其日后在文学上的创作奠定了牢固的基础。

重返福州

冰心 11 岁的时候跟着家人再次回到了她的出生地福州。这次返乡的原因是父亲谢葆璋的辞职。

1911 年烟台海军学校举行春季运动会，积怨甚深的几个学员为了争夺一项锦标而起了冲突。时任校长的谢葆璋每天忙于调停，晚上甚至都不能回家。这件事越闹越大，清廷派郑汝成来查办此事。郑谢二人是旧交，同为天津海军学校驾驶班第一届毕业生佼佼者。郑汝成告知谢葆璋几年来一直有人密告烟台海军学校的学生中有不少同盟会的会员，还认定谢为乱党，劝其立即辞职免得落下不好的后果。谢葆璋听取了友人的建议，和他的几位同事一起递交了辞呈。这年秋天，谢葆璋不得不携带家眷惜别自己一手创建起来的海军学校。

返乡途中，他们一家在上海虹口停留了一个多月。就在这时，传来了辛亥革命爆发的消息。这个消息让谢葆璋非常兴奋，每天通过报纸了解最新的情况。为了慰劳起义的军队，群众自发组织了捐款活动，母亲杨福慈则把自己的首饰换成钱捐献了出去。冰心也拿出了自己积攒的压岁钱去《申报》报馆捐钱。报馆给了她一张写有“幼女谢婉莹君”字样的捐款收条，她非常想把它珍藏起来留作永久的纪念。

时隔十年重返故地，迎接他们一家的不再是波涛汹涌的北方的海，而是南方平静温柔的湖水。在回福州的路上，母亲一直叮嘱孩子们即将生活的新环境是一个大家庭，让冰心的言行举止要收敛一些，不要再像在烟台时那样“野”，要守规矩尊重长辈。冰心听了母亲的话，有些担忧自己在新环境中的表现。

家中的三位堂姐见到远道而来的堂妹抑制不住好奇和欣喜，孩子的天性使她们很快就熟络起来。在三位堂姐的带领下，冰心在祖父家的大宅子里转来转去。她从来没有见过长方形的天井，站在天井里抬头还能望见一方蔚蓝色的天空。厅

堂里高大的柱子，柱子上用大红纸写的长长的对联在冰心看来格外新鲜。这所大宅子的主人原是林觉民，1911 年 4 月因为闹革命被清廷杀害，林氏家族为了躲避株连而不得不离开此地，遂将房子卖给了谢家。

大宅子里的新生活并没有冰心预想的让人担心害怕。虽然家中的叔父们都住在这个宅子中但每个小家庭又是各自独立的，所以生活起来还是比较自在的。平日里祖父很少干预各家的生活，但是“关灯事件”还是凸显了祖父作为一家之主的权威。

那时，福州刚开了电灯公司，大宅里也安上了电灯。对于电灯这个新鲜的事物，小孩子们感到非常新奇，跟着安装电灯的人跑来跑去，晚上整个院子灯火通明非常漂亮。可是电灯的总电门是装在祖父的房间中的，每晚一到九点钟祖父上床睡觉的时间，这座灯火通明的大院子就瞬间变得漆黑一片。所有的人不得不在黑暗中手忙脚乱一番。后来为了应对这突如其来的“黑夜”，各家都会提前点起煤油灯，每当 9 点钟电灯灭了，大家还能够借着煤油灯的光谈笑玩耍。

在这个和乐融融的大家庭里，冰心时不时还

是会回忆起在烟台度过的无忧无虑的时光，想起波涛翻滚的大海、想起后山、想起与父亲骑马、与小伙伴们奔跑嬉戏的场景……冰心把父亲送给她的佩刀挂在家中的窗下，有时候她拿着出鞘的刀，看着刀锋闪闪的银光总是感到一丝丝对过去那段“横刀跃马”岁月的留恋与怅惘。现在的冰心天天与堂姐堂妹们在一起，她也渐渐对女孩子的玩意儿开了窍，她学会了欣赏五色的丝线编织的美丽又散发着香气的头花，懂得了穿戴好之后要照一照镜子……

按照家乡的习俗，女孩子是要扎耳朵眼戴耳环的。家中的叔父和伯母们都说该给冰心也扎耳朵眼了，母亲也觉得该给女儿扎了，唯有父亲担心怕女儿疼，就一直坚持着不松口。但是父亲又不好意思拒绝大家的好意，只好找了一个借口，称扎耳朵眼会把女儿耳朵后面的聪明痣扎破，这样孩子就不聪明了。既然父亲这么说了，别人也不好再坚持，最终冰心也没有扎成。父亲对女儿的疼爱细致入微，有时候冰心的鞋子稍微紧了一点，她便故意在父亲面前一瘸一拐地走路，为此父亲还埋怨母亲把孩子的鞋做小了。

过年的时候，这个大家庭比往日更热闹了

些，冰心第一次收到了好多压岁钱。表兄和表姐们都来了，表姐们住在东院，冰心就看着她们绣花、编辫子，有时候也会跟着表姐们去花园浇浇花。过完了年接着就是元宵节，谢家所在的南后街，正是福州灯市集中的区域，满街各式各样的花灯，还有鲜红的荔枝……这典型的南国的春给她留下了美好的回忆。

冰心重返福州这一年，也就是 1911 年的秋天，她考取了福州女子师范学校预科，这是她第一次进入正规的学校学习。同年 12 月 29 日，辛亥革命推翻了清朝的统治，南京临时政府成立，孙中山当选临时大总统。孙中山颁布了许多新政，教育部在蔡元培的主持下也开始改进教育制度，提倡女子上学。在新形势的影响下，福州女子师范学校在原女子职业学堂的基础上改制。虽然冰心之前只是上过家中的私塾，但是大量的阅读使她具备了牢固的文化基础，初次考试就考取了第一名。不过冰心考试结束后就出了疹子，未能按时报到，以至于校长总是念叨着第一名怎么还不来。

学校位于福州城内的花巷，有很大的院子。院子里还有一方很大的水塘，水塘上架有石桥，环境非常清幽。教室旁就是一个小池子，池边生长着芭蕉。像大多数初入学堂的孩子一样，初次离家进入到公共场合学习的冰心刚开始时感到有些难以适应。但是想到自己是家中唯一出来念书的女孩子，担心自己一叫苦就会失去这个宝贵的念书机会，就强迫自己慢慢适应。后来，冰心很快适应了学堂里的生活，还交了几个要好的朋友，其中就有王世瑛。天资聪颖的冰心各门功课都学得不错，尤其是国文深得老师的赞赏。冰心的作文本上几乎每一页都被老师画满了红圆圈表示嘉许。

冰心在烟台养成的读书好习惯也因为祖父的书房而得到了延续。祖父每天在书房里看书、作诗、写字，而冰心也总是钻进祖父的书房去看书。由于冰心看完书会将书放归到原处而不是乱丢乱放，所以祖父很怜爱这个乖巧好学的孙女。又因为冰心是家中唯一上学的女孩，祖父更是对她寄予了厚望。祖父还为她写了八个字的座右铭：

为善最乐

读书便佳[①]

①卓如编：《冰心全集》(第六册)，第178页。

作为长辈，祖父给冰心的这条寄语并不希冀谢家这个小女儿的富贵显达，只是希望她能够永葆善良的品质和内心世界的富足，这种“无欲无求”恰恰是最宝贵的。

冰心在学校里只读了 3 个学期就中断了学业。1913 年，父亲谢葆璋收到海军部长黄钟瑛的电报，要他到北京担任海军部军学司司长。就这样，冰心一家不得不随着父亲迁往北京开始新的生活。这年秋天，冰心和母亲、弟弟们在舅舅的护送下，一路乘船前往北京，与先期到达的父亲团聚。

第二章 北京胡同里的新生活

谢家大院

福州、上海、烟台、北京，童年时期的冰心跟着父亲辗转多地历经了多次搬家，而这一次与之前的几次都不同，尚未谋面的北京即将成为冰心以后永久居住的城市。他们一行经水路到达天津，再从天津换乘火车抵达北京。天津的水是浑黄的，河滩也显得毫无生趣，这样的风景让冰心从内心生起一股烦躁的情绪。火车外的风景也尽是大块大块单调的黄色，北方冬天的风景自然无法和南方葱茏的绿色、群芳吐艳的五彩斑斓相比，作为一个孩子内心感到烦躁与压抑是很正常的。

下了火车，他们乘坐马车前往在北京置办的

新家。一路上冰心所见到的破败景象果然与小舅舅所描述的一样。舅舅杨子敬、杨子玉都很了解北京百姓生活的贫苦，那时的北京刚刚结束了旧王朝皇城的命运，还笼罩在一种灰蒙蒙的没落氛围中。匆忙而又迂缓的行人、流汗奔走的人力车夫、厚重黯淡的城墙、土黄色的北方土地，这些都给初来乍到的冰心留下了不好的印象。在一种茫然的情绪中，冰心来到了此后一住就十六年的“新家”——东城铁狮子胡同剪子巷十四号。

在铁狮子胡同的中间偏东一点的位置向北斜插进去，还有一条小胡同，这条曲里拐弯的小巷子就叫作剪子巷。从这条巷子的南口拐进去，马车最后停在了十四号院的门口。这是一个不大的中等人家大院，主人姓齐，旗人。大门左侧挂着一块牌子，黑底金字牌子上写着“齐宅”两个大字。从大门进入，往右是齐家的住处，往左经过一个小小的长方形外院再走进朝南的四扇门就是谢葆璋从齐家租来的一处三合院。虽说住在同一所院落，但从建筑格局来看，住户彼此之间互相独立不会打扰。三合院里有三间正房，这三间正房两明一暗，正房前面有廊子，东西各有一个套间，这五间房就是谢葆璋夫妇和四个孩子的卧室。除了正房还有三间东厢房，三间西厢房。东边的留作谢葆璋的书房兼客厅之用，西边的则作为舅舅的卧室和孩子们的书房。这里的房子保留着传统北方建筑的工艺，有带玻璃的后窗，还有雕花的隔扇，隔扇的小木框里都嵌着一幅画或一首诗。画是水墨山水，诗是古典名句，这样精巧的装饰是冰心从来未见过的。直到老年之后，她还能够背诵出隔扇上的诗。

北京的生活没有了在烟台时期的那种自由和无拘无束，冰心的活动范围一下收束为一所院落的一方天井。父亲下班后再也不能陪着女儿去海边骑马散步了，更不会将冰心带到办公的衙门里去。北上后，种花成了谢葆璋排解公事压力的新方式。他在三合院里砌了一个小花台，每天下班回来，就卷起袖子蹲在花台上种花。后来，这个小小的花台也不能满足谢葆璋栽花的需求，他又在长方形的大院子里搭起了葡萄架子，栽上了由海军学校的老朋友们从烟台给他寄来的葡萄秧子。再后来他又把花花草草的领地扩张到大门以外的地方，种上了野茉莉和蜀葵一类容易生长的花。

同时，谢葆璋也给自己的孩子们搭了一个秋

千架子。这个秋千架引来了十四号院周围的孩童们，他们给这个可以荡秋千还有花花草草的大院起了一个名字叫“谢家大院”。自此“谢家大院”就成了一个孩童们聚集玩耍的地方，孩子们在这里放风筝、跳绳、踢毽子、抖空竹、练自行车，场面热闹非凡。因为孩子们在此聚集，“打糖锣儿”的担子也会“主动上门”，挑的担子里面有糖球、面具、风筝、刀枪等各式各样的小玩意儿，同时价格也很便宜，颇受孩子们青睐。每次只要锣声一响，嬉戏的孩子们就炸开锅，立马从院子里飞奔到外面把担子团团围住。冰心也跟着小伙伴们围看“打糖锣儿”的。这具有老北京风情民俗的巷子让她终生难忘。直到老年以后，她有机会接触到了一位民间艺人面人张，还请他帮忙给自己捏了一副“打糖锣儿”的担子。

除了跟胡同里的孩子们一起玩耍，观看王府后门出出进进的满族贵妇人也成了冰心日常的一项娱乐。冰心好奇地“观赏”她们的装束，身着旗袍和坎肩，脚蹬高底鞋，头发则梳成“两把头”，脑袋后头梳着“燕尾儿”髻子。冰心看她们见到人总要蹲下去、站起来、站起来又蹲下去这样互相地问好寒暄。这一切在冰心的眼里看来都是新鲜而有趣的。

初来北京的时候，冰心几乎天天待在三合院里，很少有机会出去玩。仅有的几次，是由舅舅带着逛东四牌楼的隆福寺庙会，或替母亲陪着齐家的女眷到东安市场的吉祥剧院听戏。在庙会上，冰心见识到了各种各样的玩意儿和老北京美食。在美食摊上，豆汁儿、炒肝儿、蒜泥灌肠、驴打滚儿、豆腐脑儿、小枣粽子等应有尽有。在杂货摊上，则有头巾儿、胰子、牙粉、胶鞋等生活日用品。除了这些还有卖古董字画、金银首饰的。鳞次栉比的摊子看得冰心眼花缭乱。卖艺的、耍把戏的，也都竭力招揽着顾客。在这热热闹闹的庙会中，冰心感受到了地道的北京人情风俗。有时候，窗外的叫卖声会突然打破夜的宁静——“赛梨的萝卜”“硬面饽饽”“铁蚕豆”“热馄饨”……有的清脆响亮，有的婉转曲折，冰心听到这一声声叫卖声心头不免涌上丝丝的烦闷与彷徨。毕竟在北京这个大城市里生活，对于她而言一切都是未知数，一切都只是一个新的开始。

白天，十几岁的冰心也开始帮母亲做些针线活儿，料理一些家务来缓解母亲的负担。这时候，冰心在家中唯一的消遣就是翻看母亲订阅的几本杂志，什么《小说月报》《妇女杂志》等等。每一本杂志都以小小的身量传达着丰富的内容。冰心接触到了周瘦娟、林纾等人的翻译作品和小说，还有各种各样的图片。

晚上，冰心就帮助弟弟们复习功课。复习结束就给他们讲故事。故事既不是书上的也不是全然杜撰，是根据之前读过的几百种小说，再加工转述成一段一段生动的故事。在一年的时间里，她竟然给弟弟们讲了 300 多段故事，这段经历也以口头的形式练习了她的语言组织和表达能力。“赋闲”在家的这段时间，冰心又重拾写作的“旧业”，这次她写了一位女革命家的事迹——《自由花》，又写了一篇《女侦探》，和第一次一样还是无疾而终。那时文学革命的高潮还没有到来，所以冰心还没有用白话文写作的自觉，仍然是用文言文来写作的。

闲居家中的生活渐渐让冰心觉得无所适从，她自己描述这段日子如同列车进入隧道：

> 而走到北京的最初一段，却如同列车进入隧道，窗外黑乎乎的，车窗关上了，车厢里电灯亮了，我的眼光收了回来，在一圈黄黄的灯影下，我仔细端详了车厢里的人和人

物，也端详了自己……[1]

1914 年夏天的一个傍晚，冰心主动向舅舅杨子敬提出了想要上学的请求。一向疼爱外甥女的舅舅赶紧向北京的朋友打听，在他们的推荐下，舅舅找到了一所合适的中学——贝满女中。

贝满女中

贝满女中是一所基督教公理会办的学校，成立已经有 50 年了，学校的建设情况也不错，总的来说比较让人满意。冰心的父母都是深明大义之人，对于女儿上学这件事表示支持。尤其是冰心的母亲杨福慈，本身就是一位很有见识的女性，再加上童年时期的一件事给她带来的刺激，使她觉得女子应该发奋上进。在杨福慈 18 岁时，哥哥结婚前一天，大家都在忙着布置新房。她也发表了一句自己的看法，结果被一位堂祖母打断了说轮不到女孩子插嘴。想到当初自己受到的不公，看看现在女儿不但聪颖智慧，又有好学上进的心，做母亲的自然感到欣慰并且支持。而父亲谢葆璋对于教会办学也没有什么偏见，反倒觉得教

① 卓如编:《冰心全集》(第六册),第 68 页。

会学校可以帮着冰心练好纯正的英语。于是，在这年的秋天，冰心就由舅舅杨子敬带着去贝满女中报名上学了。

位于灯市口公理会大院西北角的一组曲尺形楼房就是贝满女中。在曲尺转折处的一面墙壁上写着“贝满中斋”四个金字。那时的教会学校用的都是中国传统的名称，小学称蒙学，中学称中斋，大学称书院。冰心随着舅舅走上台阶，拐进楼道左边的一间办公室参加入学考试。这所学校的校长、一位中年美国女教士——裴教士把冰心单独领到一间教室。机缘巧合的是考试题目居然是“学然后知不足”，这是冰心在家塾的时候先生出过的一道题目。冰心写起来自然是得心应手了，她不假思索一挥而就。裴教士拿到答卷后惊讶于这个小姑娘的作文速度，读过以后又不禁赞叹冰心良好的写作素养。就这样，冰心顺利通过了入学考试，因为她水平较高还直接插到了一年级。入学考试和手续都进行得很顺利，第二天交了费冰心就可以来上学了。她怀着难以抑制的兴奋和喜悦之情，在心中消化着这个好消息。

上学的第一天，冰心一大早就起床了，由二弟的奶娘送她去学校。冰心来到学校先去校长室交学费。她恭恭敬敬地给裴教士鞠了一躬，然后就去书包里找钱。结果翻来找去也没有找到昨天母亲给她的 16 元钱。裴教士看到她着急的样子就安慰她，让她明天再补交。校长叫了一位名叫陶玲的满族女孩子进来，让她带着新来的冰心去教室。坐在教室里，冰心感觉自己在陌生的环境中怯生生的。中午同学们一股脑儿跑出教室，她也不敢跟上去，于是就在教室里坐了一天，直到傍晚放学的时候才拎起书包走出教室。第一天上学从兴冲冲地激动心情中开始，没想到却遇到诸多不顺，以闷闷不乐结束。回到家后，母亲发现女儿的情绪不对便亲切地询问，冰心再也忍不住委屈的心情，泪珠如同断线的珠子一般从脸颊滚落。她把在学校第一天的窘况告诉了母亲，自己不仅弄丢了学费，还因为不好意思出去吃午餐而饿了一天肚子。慈爱的母亲安慰着女儿，还给她端来了点心。

第二天上学，依旧由奶娘护送，到了学校奶娘便把冰心昨天没有吃午饭的情况告诉了老师。结果这一天，一到午饭时间，昨天那个大大咧咧的满族姑娘陶玲就出现了。她带着冰心去走读生吃饭的食堂就餐，这次冰心看到了一个八仙桌上

已经摆放好的四菜一汤以及米饭。冰心刚准备坐下吃饭，旁边食堂里突然传来了一阵歌声。冰心感到好奇，同桌的同学便告诉她这是住宿生的食堂，她们大多是基督徒，每次吃饭前都要唱“谢饭”的歌。在接下来的学习生活中，冰心接触到了更多基督教的内容。首先《圣经》作为必修课，虽然冰心不太明白里面所讲的古老王朝的历史，但因为考试还是要好好“应付”一番。除了课程设置，上午上完课以后还要用半小时的时间听牧师“讲道”。每到星期天，学校还会组织非基督徒的学生一起去公理会教堂做礼拜，在此之前还有专门的教士对《圣经》的故事进行宣讲。冰心在这所教会学校里，对于基督教也有了具体认识。

由于之前只上过私塾，在师范学校也只是念了预科，尽管冰心努力用功，但代数依然让她深感头疼。像历史、地理这样的科目她考得还算不错，唯独代数居然没有过及格线。下课了教室里人都走光了，只剩下冰心在角落里委屈地掉眼泪。这时老师走过来，关切地询问她发生了什么事。冰心便把自己以前没有什么代数基础以及自己的上学经历一五一十地告诉了老师。老师心平气和地鼓励这个好强又聪慧的女学生，相信她通过一段时间的学习是一定能够赶上来的。放了寒假，母亲帮冰心请来了数学老师恶补功课。经过一个寒假的努力冰心终于拿下了数学这个久攻不破的“山头”。

对于“数理化”冰心知道自己先天不足，却不放弃迎难而上，这种精神是弥足珍贵的。立志学好数理化，除了具有一颗争强好胜的自尊心外，更重要的是深受父亲的影响。作为航海家的父亲，从小就告诉女儿三角、几何这些知识对于航海的重要性。大海在冰心的心中具有一种难以割舍的情结，凡是与大海有关的她都要认真对待。

贝满女中规定每周都要写一次作文，这个集体写作的时间定在周六上午。四个年级的学生要坐在一个大教室中，由老师在黑板上给出四个年级的题目。由于老师习惯了作八股文，所以出的题目也往往比较古奥。当其他同学还在抓耳挠腮感到无处下笔的时候，已经受过良好训练有着扎实古文功底的冰心早已经开始动笔了。她不但写得快，而且写得好，屡屡得到老师的表扬。有一次，一位老师居然给了她 120 分的高分（满分

100 分）。教务处的人对这个成绩表示为难，可是老师依然坚持要多给出 20 分以表示对冰心习作才能的嘉奖。冰心做文章又快又好，不少同学专门来找冰心帮自己写作文，或者一根冰糖葫芦，或者一点糖炒栗子，大家用各种小零嘴“贿赂”这位写作小能手。性格腼腆又要强的冰心自然不会拒绝，于是她往往写完了自己的作文还要帮同学们再写几篇。

与在福州师范学校一样，冰心起初对新的环境不适应，但是没过多久她就自然地融入了集体的生活。冰心从小在山东烟台长大，所以普通话里总带有一点儿山东方言的味道。有时老师听不懂她的回答就让她到黑板上把答案写下来。有些同学偶尔开玩笑叫她“侉子”，还给她起绰号叫“小碗儿”。学校组织的课外活动中有一项是“文学会”，让同学们练习演讲或者辩论。起初，冰心有些畏难情绪，轮到她站在讲台上为大家读报，读完了她总是飞快地跑回到自己的座位上，用双手把通红的脸捂起来。后来，这样的活动参加得多了她也就慢慢适应了，不但不再感到怯场而且发言也越来越流畅。冰心在贝满女中读书期间恰巧赶上学校建校五十周年大庆。冰心还积极地参加了团体操的表演，为学校庆祝生日。平时，冰心还加入学校的篮球队，有一次她们的团队还跟美国来的女子篮球队打了比赛。这些丰富的课外活动在学习之余健全了正在成长中的冰心的身心，也帮助她迅速地融入一个全新的环境。冰心在回忆文章里将中学时期的生活比喻成自己如同穿了一件好看又紧仄的新衣，觉得高兴又感到束缚。在这种集体生活的“压力”下，她的成长有着同学们的陪伴与老师们的敦促。她这个“野孩子”一下子投入进大城市集体学习的生活中来了。

1916 年倒行逆施的袁世凯逝世，1917 年又来了一个企图复辟清王朝的张勋。这一年，张勋重新请清朝末代皇帝溥仪出山，他率领的辫子军要从徐州杀进北京，北京城一时人心惶惶。面临此种局面，父亲谢葆璋考虑到妻小的安全，决定送她们去烟台避避风险。于是，1917 年的暑假，冰心再次踏上了去烟台的轮船。这次归来，冰心已经长成了一个亭亭玉立的少女，自己曾经度过了十年难忘时光的烟台，让冰心内心感到非常亲切。她很想在烟台多留些时日，然而张勋的复辟不久就草草收场，暑假一结束冰心不得不再陪伴

着母亲和弟弟们重返北京。

1918 年，18 岁的冰心从贝满女中毕业了。作为全班最高分的学生，冰心依照学校的传统，代表同学们发表了“辞师别友”的演说。至此，冰心的中学时代画上了一个圆满的句号。她对于这 4 年严肃又认真的中学时光充满了感念。在中学里的训练约束了她的“野性”，使得她在进入大学之前获得了一个比较平稳起步。然而结束也意味着新的开始，中学毕业的冰心要好好计划自己接下来的人生之路了。是接着读书还是像传统女性一样嫁人是摆在那个时代很多女性面前的现实问题。就算是读了书，出路依然不广泛，只有做教师或者医生这样几个选择。冰心毕业班的同学中有 14 位选择了回教会学校当教师。冰心立志要当一位医生。这个想法得到了父母亲的支持，于是冰心就由贝满女中直接升入了北京协和女子大学理预科接着念书，为以后做医生的职业做准备。这所大学是美国基督教会办的一所女子大学，在这里冰心即将开启新的人生航程。

第三章
“五四”惊雷震文坛

爱国雏鹰

冰心在协和女子大学念预科时五四运动爆发了。

五四运动不啻为近代中国历史行进中的一声惊雷，改变了国家的命运。同样改变了她的人生轨迹，使她走上了文学之路。如果没有五四运动，或许冰心会成为一名自己理想中的医生，而不是一位日后蜚声中外的知名作家。

1919 年 5 月 4 日五四运动爆发当天，在京高校的学生们从各个方向涌来。他们聚集在天安门前游行示威，游行的学生手中都举着小白旗，上面写着“取消二十一条”“头可断，青岛不可失”“诛卖国贼曹汝霖、陆宗舆、章宗祥”等口号和

标语。之后，他们一路往正阳门外走，沿路还向民众散发传单。此时，冰心正在医院中陪护生病的弟弟，对外面的情况全然不知。二弟为杰得了猩红热，做了一个耳部的手术，在五四运动发生的前几天，冰心告假在医院给二弟陪床了。

当天下午来送换洗衣服的谢家女工，把外面发生的事情告诉了冰心，她才知道外面发生了学生游行示威的活动。直到黄昏时分又来了一位亲戚，冰心才从他的口中得知了事情的前因后果。大学生们为了阻止北洋政府签订丧权辱国的条约，自发地走上街头示威游行，最后他们还涌向了卖国贼曹汝霖的住处火烧了赵家楼，但许多学生被当局逮捕了。冰心听后又兴奋又愤慨，她的心激昂地跳动着。国难当头，冰心很为学生们的举动而骄傲，但是想到自己还在这安安静静的病房中便觉得非常惭愧，迫不及待地想加入学生们的队伍中去。

第二天，二弟出院后，冰心匆匆赶到学校去销假。刚进校门，她便发现往日宁静的校园也发生了变化。校园里激愤的学生们议论着签订二十一条、惩办卖国贼的事。反帝爱国运动之风已经吹遍了北京所有的高校。此次学生运动中，协和女大也成立了学生会，冰心被选为学生会文书，与其他女校一起联合组织了后援会。北洋政府一面下令禁止学生干预政治、打压学生运动，一面通过了在“巴黎和约”上签字的决定。政府的决定使学生们更加义愤难平，更大规模的游行队伍走出校门向人们宣传政府的卖国行径。由于北洋政府的不得人心，残酷的镇压使矛盾不断激化，越来越多的人参与进来，最终触发了各中小城市以及上海的工人罢工、学生罢课、爱国商人罢市运动。面对如此巨大的民情舆论，北洋政府不得不罢免曹汝霖、陆宗舆、章宗祥的职务，参加巴黎和会的中国专使也拒绝签订“巴黎和约”。

五四运动过去已经 3 个月了，这一天的清早，北京地方法院却举行了一次不同寻常的公开审讯。被告是十几名爱国学生，而原告是军阀政府收买的学生中的败类。为了支持无辜的学生，学生联合会组织各校学生前去旁听，声援被捕的学生。冰心作为协和女大的代表被警察拦下，借口里面没有位置而不让进。冰心态度坚决地称没有位置那就站在里面听，这才被放了进去。

法庭上，北京学联的负责人和进步学生站在被告席上，而那些真正的败类却站在原告席上。

这种荒唐、是非颠倒的场面恰好证明了黑暗政府的腐败统治。在法庭上冰心见到了义务为学生出庭辩护的著名法学家刘崇佑，他有理有据地为被告青年辩护，一番激昂陈词让在座的旁听群众都落了泪。冰心非常钦佩刘崇佑律师的口才和胆识。

这次听审冰心还有一个任务，就是要把这件事宣传出去。这一任务压在冰心的心头沉甸甸的，小弟为楫过来拉着冰心的手央求讲故事，也被好言拒绝了。她想早一点把稿子写出来，让更多的人知道幕后的丑恶。于是，《二十一日听审的感想》这篇对于冰心而言除了作文以外第一篇正式的文章写就了。在文章里冰心如实地写出自己听审的见闻和感受。女学界联合会宣传股要求她找地方发表出去，这让冰心感觉有些犯难。正在苦于无处发表之际，冰心突然想到了《晨报》，表兄刘放园在那里任编辑。这位表兄比冰心大了17岁，平日里走动比较频繁，冰心很尊重他。

为了发表文章，冰心鼓足勇气联系了刘放园表兄，得知情况后刘放园同意先看看文章。就这样，冰心的《二十一日听审的感想》刊登在1919年8月25日《晨报》的自由论坛专栏里。这是冰心第一次公开发表文章，那一年她 19 岁。迫于社会舆论的压力，法庭宣布被告学生“无罪开释”。同学们都感到欢欣鼓舞，冰心自然也不例外。

北京女届联合会还会经常组织演剧筹款活动。在一次演剧活动中，冰心与福州时的好友王世瑛重逢了。那次演出，协和女大演出的是《威尼斯商人》，冰心出演了一个角色。当冰心在台上表演时，坐在观众席上的王世瑛一眼就认出了冰心。第二幕演完后，冰心独自跑到外面放松一下，突然感到一只温暖的手触到了自己的肩膀，当她转过头看到了王世瑛面带笑容的脸，让她惊喜不已。交谈中得知王世瑛在北京女子高等师范学校文学系就读。日后，两个好友的频频往来也促进了彼此的成长进步。

有一天，冰心在家中接到了王世瑛的电话。电话那头的王世瑛激愤地告诉冰心发生在福州的惨案。原来事发当天，福州爱国学生走上街头宣传抵制日货，被几十个日本暴徒当场打伤，后来又因为日本军舰的示威而使事件不断升级。福州民众对于日舰公开寻衅大为不满和愤恨，掀起了罢市罢课运动。消息传到了北京，在京的福州青年学生们为了声援家乡，成立了福建省抗日学生

联合会。王世瑛打电话来邀请冰心加入，她毫不犹豫地接受了邀请。福建省抗日学生联合会开会那天，冰心认识了闽侯老乡黄英（即女作家庐隐）和铁路管理学院的代表郑振铎。

冰心曾这样形容进步学生的作用：“另一部分青年，包括我自己，就像一泻千里的洪流中的靠近两岸的一小股，它冲不过河岸的阻力，只挨着岸边和竹头木屑一起慢慢地挪动着……”[①] 或许对于整个民族前进的长河而言，他们充当的只是这岸边的一小股微弱力量，而时代洪流对于个体的塑造却发挥着巨大的作用。经过“五四风云”的洗礼，冰心加快了她成长的脚步，这只小雏鹰在不远的未来注定要成为新文学战场上冲锋陷阵的干将。

问题小说

《二十一日听审的感想》发表之后，冰心发表了一篇文章《破坏与建设时代的女学生》。表兄刘放园对于这位表妹的文学才能给予了充分的肯定，他还送《新青年》《新潮》《改造》等杂志

---

①卓如编:《冰心全集》(第四册),第 171 页。

给冰心。此时正值新文化运动时期，各种宣传新思想的报纸、杂志如雨后春笋般冒出来。冰心接触到了各种各样的新思想、新文化，尤其她读了鲁迅的《狂人日记》后思想受到极大的冲击，使她明白原来小说不仅仅是单纯地说故事，还可以传达新思想、蕴含丰富的哲理。于是曾经放弃的写小说的愿望又在她的心里重新燃起了火苗。这时的冰心已不再是囿于教会学校和家庭的思想单纯的学生了，她接触到了社会，模模糊糊地感到社会中存在的一些问题。

就这样，冰心白天参加宣传、募捐，到了晚上就伏在案头写小说。她最初的写作动机非常简单，就是把自己所知道的社会问题用小说的形式表现出来。因为自觉笔力不够成熟，不敢使用真名，便为自己取了“冰心”这样一个笔名。这一切看似偶然的“无心插柳”，让冰心成为问题小说的开拓者。问题小说是“五四”以后新兴的一种小说类型，它对社会上存在的种种问题进行揭露与批判，具有很强的现实意义。因为冰心的问题小说大多取材于现实生活，所以更能打动读者。冰心的问题小说在当时引起了不小的反响。

《两个家庭》是冰心写的第一篇问题小说，

取材自冰心的父亲回家后讲的一个故事。男主人公是父亲当时在烟台海军学校时选派到美国留学的学生，归国后娶了妻子，但因家庭不睦最终葬送了自己。冰心就把这件事写成了《两个家庭》。小说里冰心对比了两个截然不同的家庭，一个家庭的太太知书达理、持家有度；一个家庭的太太是旧式的小姐，每日不懂教育孩子、料理家务只知道出门消遣。而这两个家庭的男主人是当初一起留洋的优秀年轻人，正是因为家庭的环境不同，导致了各自不同的命运。在坏的家庭环境影响下的男主人既不能实现事业上的抱负，也体会不到家庭生活的快乐，一步步消极堕落最终年纪轻轻就去世了。小说写完以后，冰心用娟秀的笔迹誊抄好后给了放园表兄。这是冰心第一次投小说，让她惊喜的是，3 天之后她的《两个家庭》刊登在了《晨报》的第 7 版上。

不得不说冰心是一个幸运儿，在走上文学写作这条路上，放园表兄的引路和帮助使她比别人更有发表的便利。但是，我们又要看到冰心一直以来的积累和努力，使得她做好了充分的准备。以她极高的文学修养和后天的勤奋，再加上对于时局的敏感体察和参与热情都使她牢牢地抓住了历史的际遇。

《两个家庭》发表以后，冰心接到表兄的电话。原来冰心的小说得到了报社同事们的肯定，他们想鼓励她再多写一些小说，直接交给放园表兄即可。这也算是报社的“约稿”了，本该高兴的冰心却有些发愁，因为她不知道接着再写些什么内容了。最后表兄提示她将视野放到学校和同学们的身上。冰心注意到学校里形形色色的同学们，有的积极参加社会活动只是家里拦着不让，有的则受到开明家庭的支持，而还有一些是自己不上进却把借口推到家庭上。从同学身上获得灵感后，冰心迅速地构思了小说，这次她要写学生和家庭的关系了。《斯人独憔悴》写了一个封建大家庭中两个进步青年的悲剧。封建家长的代言人父亲化卿千方百计地阻止自己的两个儿子从事进步活动。先是把他们从学校强行叫回家，再是焚烧进步书籍，最后索性不再让他们去学校，以补了办事员的差事彻底堵住他们的前进之路。这样两个进步青年的未来被残忍地剥夺，留下他们憔悴落寞的身影。在写《斯人独憔悴》的时候，冰心遇到一个难题，她要刻画一位顽固保守、不思进取的封建专制家长化卿的形象，但是从小生活在一个父慈母爱的开明进步家庭加上自己阅历不深难以虚构，她想了半天也不知该如何去形容人物的言谈举止。正在冰心犯难的时候，父亲进来了，冰心连忙向父亲求教。父亲对于女儿的请求有些摸不着头脑，冰心只好把手稿拿给父亲看。父亲看完后脱口而出："好！好！率性和我辩驳起来了！这样小小的年纪，便眼里没有父亲了，这还了得！"父亲的这几句话补在这里，让冰心拍手叫好。

这篇小说后来发表在《晨报》上。由于小说内容紧贴生活实际，有很强的现实性和针对性。因为冰心是爱国运动的参与者，深深地感受到不同家庭对于孩子影响的差异。给她感受最强烈的是两代人之间认识上的鸿沟，新生的势力渐渐与旧家庭、旧势力走向对立。而走出家庭的束缚对于有理想的青年来说却并不容易，大多数年轻人的理想最终被封建旧家庭残忍地扼杀，留给青年人的只剩下徒劳的哀叹与绝望。后来《斯人独憔悴》还被学校剧团改编成了三幕话剧。话剧演出时，同学们邀请冰心一起去看，但是被冰心婉言谢绝了。她不好意思告诉同学这是她写的小说。1920 年 1 月 9 日，学校剧团在北京新明戏院进行公演。《斯人独憔悴》成了人们纷纷讨论的话题。1 月 13 日，《晨报》刊登了止水的评论文章《观学生团演剧底私论》。由于这部小说所引发的社会关注和强烈的反响，冰心在读者中已经小有名气了，只是还没有人知道冰心女士就是谢婉莹。

冰心的另一篇问题小说《去国》讲述的是一个留学归来的有志青年英士，他拒绝了国外的工作一心想要回国，为建设祖国贡献自己的力量，然而国内的环境却是他远远没有料到的糟糕。在父亲的安排下，他去衙门里做了一名技正。本以为自己终于可以大施拳脚了，但人浮于事、敷衍了事的官场风气终于让他清醒地认识到现实的腐败，担心自己在这样闲散的环境中腐化堕落，英士最终决定再次出国。一腔热血建设国家的留学生归国后却没有用武之地被迫再次“去国”。小说既写出了有志青年的悲戚又暴露了恶劣的社会环境与浮躁的社会风气。这部小说的构思也同样来自父亲讲述的衙门里的现状，冰心敏感地捕捉到其中社会批判的意义，写成了这篇《去国》。1919 年 11 月 12 日，小说以连载的形式发表在《晨报》上，许多读者反馈说还没有尽兴就中断了，只得在焦急中等待。冰心的小说之所以如此

“抓人”，是因为她反映的都是发生在人们身边的事，因此读后往往会有感同身受的真实体验。

冰心以女性特有的细腻去发现现实生活中存在的种种问题，她关心着同她一样的青年一代的命运、封建大家庭对进步青年的压抑与毁灭、军阀政府的黑暗统治给百姓带来的灾难，除此之外，她还格外关注进步女性的悲剧命运。《秋风秋雨愁煞人》《庄鸿的姊姊》《是谁断送了你》等写的都是追求进步的女性之不幸。她们无一例外地在冲破封建牢笼的时候，受到来自家庭的阻碍，最终走向自毁。《秋风秋雨愁煞人》中讲述了自己的好友英云听从父母之命嫁到旧式家庭做媳妇的故事，这个曾经追求进步的女学生虽然人还活着但是心已经绝望的死去。她背负着整个旧家庭的枷锁又无力打破，想要冲破牢笼做进步的女性却又被紧紧束缚，这篇小说弥漫着一种哀莫大于心死的“秋风秋雨”般的凄凉。《庄鸿的姊姊》是讲述冰心的弟弟与其同学庄鸿谈论庄鸿的姊姊，姊姊本来也是追求进步的女学生，无奈家里人在传统观念影响下让她辍学留在家中。最后，这位有理想的女青年终日郁郁寡欢得病早逝。《是谁断送了你》中女主人公怡萱在叔叔对父亲的劝说下，被同意去学堂念书。但是怡萱收到的一封不知姓名的表白信，却被思想陈旧的父亲“误判”不务正业，怀疑女儿不过是打着进步的幌子做些不合道德的事情。最后怡萱在冤屈中而枉死。

冰心的小说揭示了知识分子群体中尤其是早期进步女性的悲剧。她们与男性一样有着理想和抱负，甚至比有些男性还要努力，但是重男轻女、男女大防的旧观念仍像幽灵般盘旋在大大小小的家庭中，给她们无形中设置了难以冲破的网。处在困境中的女性一面自知冲破牢笼的力所不及，一面又渴望独立走向社会。无奈这个社会虽然暂时获得了形式上的解放，但是旧思想的残余依然根深蒂固，封建观念依然戕害着青年人，而自我觉醒的女性群体却成了新旧势力斗争中的牺牲品。

《秋风秋雨愁煞人》发表后，冰心收到王世瑛的一封信，在肯定了冰心的小说后，接着又指出其作品有多做悲观语的缺憾，读来让人觉得满纸秋声。冰心的父母也觉得女儿写的东西太过于凄凉，担心影响到女儿的性格和以后的生活。尤其父亲很担心这些消极的文字会消磨冰心的斗

志。对此冰心专门写了《我做小说，何曾悲观呢?》一文，说明自己创作小说的目的：

> 我做小说的目的，是想要感化社会，所以极力描写那旧社会旧家庭的不良现状，好叫人看了有所警觉，方能想去改良，若不说得沉痛悲惨，就难以引起阅者的注意，若不能引起阅者的注意，就难激动他们去改良。何况旧社会旧家庭里，许多真情实事，还有比我所说的悲惨到十倍的呢。[①]

后来，冰心的笔触又从知识分子、进步学生延伸到了战争环境下的普通人、士兵们上。《一个兵丁》描写发生在一个兵丁和儿童小玲之间的故事，兵丁虽然跟随军队行动，但从他对小玲的关爱中看出他更希望过一种稳定平凡的生活，一种没有作战行军的家庭生活。他把对儿子的想念和关爱转移到小玲身上，还送了小玲一把涂着红漆的小木枪。当小玲也对兵丁产生感情时，他已经跟随部队走了，只留下小玲呆望远方的背影。《一个军官的笔记》则以第一人称内心剖白的形

---

①卓如编:《冰心全集》(第一册),第42页。

式描写了一个军官反对战争、希望用博爱来消弭世间的纷争的故事。小说《鱼儿》以第一人称“我”来展开叙述，“我”在海边和奶娘钓鱼时遇见一个失去了右臂的高大的兵丁。原来兵丁的手臂是在战争中失去的。天真的“我”不明白为什么双方的士兵都要死伤却还要打仗作战，表现出对士兵们的同情和对战争的痛恨与反对。冰心并不把兵丁们看作战争的施暴者，而是将其视作被迫卷入战争、被战争改变了生活轨迹的普通人。这些士兵群体也有家庭也想和家人团聚，在冰心的塑造下这一可怜的群体总能触动读者的心弦。无疑冰心笔下这些无辜的士兵与她在烟台时期的童年经历有关。她从小接触到许多海军士兵和军官，跟他们的感情早已深深地埋藏在她内心，所以她能够自觉地站在他们的立场，以他们的内心感受来反思战争对生活的摧残。

燕大生活

1920 年 3 月的一天，冰心所在的协和女大迎来了与男校合校的盛举。当天，天朗气清惠风和畅，到处洋溢着春天的气息。冰心看到校门口的门楣和两旁都换了新的黑底金字的匾额，是“燕

京大学”几个字。校园装扮一新，校门和院墙上插着中英美三国国旗，道路旁边摆放着一排排的盆花，礼堂里也由花花草草装扮起来。她专门写文章，纪念燕京大学的开始和协和女大的结束。就这样，冰心开始了在燕大的学习生涯。

燕京大学由通州协和大学、北京汇文大学和协和女子大学合并成立。为了扩大新组建大学的影响力，《燕京大学季刊》应运而生。编辑委员会由陈哲甫教授主持，许地山、瞿世英和冰心参加了编委会的相关工作。由于许地山和瞿世英都有过编辑的工作经验，只有冰心是第一次，这给了她不小的压力。没过多久考验就来了。季刊创刊号的稿子刚一整理完毕就发现栏目分布不均的问题，稿件中文艺方面的文章很欠缺。于是这个任务自然而然就落到了冰心头上。接到任务的冰心就开始思索起来。眼下是五四运动退潮时期，政府问题、外交问题都没有得到根本上的改善，人们感到的是更加沉重的失望与苦闷。面对沉闷的现实，冰心决定用手中的笔写一些积极的东西来鼓励青年学生。于是小说《世界上有的是快乐……光明》就应运而生了。小说描述了经历过五四运动的青年凌瑜，在五四运动以后对毫无改变的灰暗现实感到寒心和失望，激情被冷冰冰的现实浇灭，空有一腔抱负的青年在苦闷中选择了自杀。当他打算跳海自尽之时，出现了一位可爱的小男孩小岚。小岚笑着对凌瑜说："先生，世界上有的是光明，有的是快乐，请你自己去找吧!"这句话给了凌瑜苦闷的心以慰藉，好像一缕阳光照进了心里，于是他恢复了对生活的希望，重新振奋了自我。这种爱的感召在今日的读者眼中看来未免过于单薄而有失说服力，但是这篇小说的立意在于树立一种积极向上的态度，这对当时万马齐喑、死气沉沉的社会氛围而言是很有针对性的。

1920 年 7 月，直皖战争爆发。陈哲甫教授和瞿世英忙于别的事情联系不上，编委会的工作完全压到冰心的身上。她利用假期时间审稿、编稿，稿子数量不够她只好自己写了"充数"。于是就有了《一个忧郁的青年》。这篇小说借助设置的两个人物"我"和"我"的同学彬君的一番讨论，来探讨五四运动后青年们的思想轨迹和内心波动。这篇质朴的小说更像是冰心借助文字来剖白和分析自己矛盾的心理，虽然基调是忧郁的，但文章最后仍然指向了行动上的积极奋斗。

对结尾的精心处理，可见冰心想要借助文字积极引导社会的一番苦心。因为冰心在暑假的辛勤工作，季刊的第 3 期得以按时出版。秋季开学后，因为工作表现出色，冰心当选为编辑部副主任。

同年，饱受战争磨难的北方的土地遭遇了旱灾，贫苦百姓们过着饥寒交迫的凄惨生活。燕大的学生想为灾民尽一份力，缓解他们的不幸。10 月上旬，学子们决定以演剧赈灾的方式为灾民筹集善款。最后他们决定上演风靡一时的诺贝尔文学奖得主莫里斯·梅特林克的《青鸟》。冰心负责将这六幕剧翻译成中文。

经过选角、排练，11 月 27 日这天与观众们见面。当时 700 多个座位都坐满了，鲁迅先生还带着他的俄国朋友——盲诗人爱罗先珂前来观看。首场演出的效果超出了同学们的预期，不仅得到了观众们的称许，新闻界也竞相报道。这次演出为灾民募得了 1200 多元的义款。燕大学子们还在受灾最严重的地方设立了幼女赈济所。不但负责 200 多名已经收容的幼女们的饭食，还要给她们置办基本的生活必需品。这项开支的费用巨大，没有经济来源的同学们只好走向街头去募捐筹钱。冰心和黄玉蓉、李淑香负责在京的各女校募捐，她们非常顺利，第一站是华语学校，虽然在校的教员寥寥无几，但教员不仅自己捐了钱，还叫她们留下扑满再帮着进行募捐。在女子高师，冰心她们被捐款的学生围得里三层外三层，募捐的扑满装得满满的，不得不让黄玉蓉返回去取空的扑满。

除了参与赈灾活动，冰心还担任了“半日学校”的教师。“半日学校”是燕大女校的学生创办的，旨在帮助无学可上的贫民子弟学习文化知识。后来，学校成立“注音字母学校”，专门面向成年的不识字的妇女群体，冰心被委任为校长。一时间聘请老师、租用教室、筹集资金这些事就都落在冰心的肩头。经过一番奔走筹备，学校终于成立了。许多家庭妇女对读书充满了自卑心理，害怕自己学不会，后来听说学会了拼音字母可以读书看报，她们才渐渐地从心理上接受了。

在燕大学习期间，冰心在各种活动尤其是文学活动上很活跃，但她始终抱定学医的理想。然而命运却为她做出别样的安排。1920 年，冰心被班导师叫到办公室去谈话。原来她的肺部检查出一点儿毛病，班导师劝冰心转到别的系学习，告诉她并不适合继续选择医生这一职业，这个消息

对于冰心而言无异于晴天霹雳。从班导师的办公室出来，冰心心情无比沉重，以至于接下来的实验课也无精打采。几经思量后，冰心选择面对现实放弃学医的理想。1921 年暑假她从预科毕业后进入了国文系。国文系主任陈哲甫之前很了解冰心的情况，便安排她直接跟高年级同学一起学习。

同年冬天，应好友许地山和瞿世英的邀请，冰心加入了文学研究会。文学研究会与创造社是中国现代文学发展中成立最早影响最大的社团。

起初郑振铎想办一个文学杂志，便去找商务印书馆帮忙。商务印书馆的经理张菊生和编辑主任高梦旦觉得新的杂志与《小说月报》差不多，便提出让他们对《小说月报》进行改组的意见。改组后的《小说月报》成了文学研究会这一现代文学史上颇具分量的文学社团的阵地。后来茅盾委托王统照负责接编、修改《小说月报》。

一个冬日的傍晚，许地山和瞿世英找到冰心告诉她文学研究会的事情。冰心听说发起人中还有周作人先生，社团的成立还有会章、宗旨、宣言书等等，于是她积极地加入了。

《小说月报》对于冰心来说并不陌生，刚搬

家到北京这些杂志陪伴她度过了一段枯燥单调的时光。现在机缘巧合，她写的《笑》作为卷首第1篇登在革新后的《小说月报》第1期上。在此文中剪辑了3幕不同的“笑”的场景，最终“笑”与“爱”融合在一起得到升华。除了积极向上的立意，整篇文章的行笔流畅自然，笔致清新明丽，读完使人如沐春风。白话文写作彼时正处于起步阶段，像《笑》这样成熟地运用白话文、又能自成风格的散文堪称运用白话文写作的典范。虽说冰心以问题小说登上文坛，但是她所擅长和自成风格的是散文而非小说。后来颇受读者喜爱的还有《往事》《寄小读者》《山中杂记》等系列散文。

1921年初，冰心的小说《超人》发表在《小说月报》第12卷第4号上。这篇小说的发表轰动了文坛，成为文学研究会“为人生”的文学佳作。主人公何彬对世界有着悲观消极的看法，生活已燃不起他的激情。他租住的地方有一个叫禄儿的孩子摔坏了腿，他留下一张钞票给禄儿治病。因为工作的变动，何彬要搬离这里，他差遣病愈的禄儿帮自己买绳子。禄儿不但买回了绳子还送了一篮花和一封信感谢这位好心的先生。禄儿的信中通过“母亲的儿子”这一共同的身份拉近了与何彬的距离。何彬被母爱和童真所打动，回信中写下了这一段话：“世界上的母亲和母亲都是好朋友，世界上的儿子和儿子也都是好朋友，都是互相牵连，不是互相遗弃的。”是爱激发了何彬这样一个悲观沮丧、冷眼旁观的青年的希望与热情。冰心针对五四运动后青年群体彷徨无措地时代病，开出了以母爱作为疗救创伤的“药方”，鼓励青年人不要因为现实的灰冷而自暴自弃、坐以待毙。这一解决方案未免过于单薄、幼稚，尽管如此小说实际上引起的轰动效应说明它的确拨动了青年人的心弦。《超人》成了五四运动后冰心的代表作，它既是五四运动时期“问题小说”的延续，同时初步形成了冰心个人的写作风格，那就是对“爱的哲学”的提出。

冰心的生命行进到 20 岁左右的时候，她受着家庭生活小范围之内的“爱”，却看到社会这一大范围之内的“憎”，这种矛盾引发了她的思考。她企图冲破具体问题的表象寻找到关于生活、生命乃至宇宙奥义的终极真理。这个过程是纠结的、困顿的，她也曾陷入迷茫与困惑，不过最终她抓住了混沌中的一束亮光，跟随那束光她步入一个澄澈、光明、美好的天地……

爱的哲思

“我觉得我如同一个卖花的老者，挑着早春的淡弱的花朵，歇担在中途。在我喘息挥汗之顷，我看见许多少年精壮的园丁，满挑着鲜艳的花，葱绿的草，和红熟的果儿，从我面前如飞的过去。我看着只有惊讶，只有艳羡，只有悲哀。然而我仍想努力！我知道我的弱点，也知道我的长处，我不是一个有学问的人，也没有喷溢的情感，然而我有坚定的信仰和深厚的同情。在平凡的小小事物上，我仍宝贵着自己的一方园地。我要栽下平凡的小小的花，给平凡的小小的人看。”①

冰心的这段话生动、准确地描述了自己写作的风格和路径。“五四”的惊雷把她“震”上了文坛，她写出了不少问题小说，但是这位女作家的眼界始终局限在自己身边的事情上，以至于不能对社会做出鞭辟入里的观察与分析。

冰心的文字像温情脉脉的水波，缓缓流淌过读者的心灵给人以慰藉。外界的一切在冰心爱的

①卓如编:《冰心全集》(第二册),第 328 页。

哲学的关怀下被打上了一层舒缓、温暖的柔光。孩童般的纯真、母亲样的博爱渐渐成了冰心文学王国的主题。

1919 年的冬天，冰心参加学校里《圣经》课的考试。在考场上，老师向她提问，她流利地回答完老师的问题，趁着老师记录的空隙，她的目光转向了炉台上的一幅画。画面上一个牧人攀缘着悬崖峭壁，一只手却腾出来拉自己迷途的羔羊。冰心被这幅肃穆的画感染了，她感到自己就好像一只迷途的羔羊正在等待感召和拯救。

冰心第一次看到泰戈尔这个名字是在一本杂志上，作品是泰戈尔的《飞鸟集》，那一小段一小段的诗章打动了冰心。冰心沉浸在美的世界中的同时也跟随诗人的思绪思考着人生的意义和宇宙世界的终极奥秘。泰戈尔认为爱是世界的主宰，事物的产生、运动都是因爱而起靠爱维系，他将生命视作无限的永恒，死亡也属于生命的一种。随着对泰戈尔了解的深入，冰心好像找到了精神上的知音与导师，她惊喜地发现困惑已久的矛盾和问题原来在这位诗人这里早已经有了答案。远在异国的诗人泰戈尔触动了冰心思想的火花，她忍不住要将自己内心被碰撞出的思绪和想法付诸笔端。1920 年 8 月到 9 月，她连续写了三篇散文《“无限之生”的界限》《邀寄印度哲人泰戈尔》和《画——诗》，记录自己的心迹。

冰心在《“无限之生”的界限》中，探讨了生与死的界限。文中的主人公“冰心”因为自己同窗好友宛因的死亡而陷入失望与虚空中。其实这篇文章可以看作冰心内在矛盾自我的对话：

> 人生世上，劳碌辛苦的，想为国家，为社会，谋幸福；似乎是极其壮丽宏大的事业了。然而造物者凭高下视，不过如同一个蚂蚁，辛辛苦苦的，替他同伙驮着粟粒一般。几点的小雨，一阵的微风，就忽然把他渺小之躯，打死，吹飞。他的工程，就算了结。我们人在这大地上，已经是像小蚁微尘一般，何况在这万星团簇，缥缈幽深的太空之内，更是连小蚁微尘都不如了！如此看来……都不过是昙花泡影，抑制理性，随着他们走去，就完了！[1]

这是作家冰心内心悲观失望的一面，紧接着

①卓如编：《冰心全集》（第一册），第 95 页。

又出现了另一个声音，死去的同窗“宛因”站出来说了另一番话：

> 我就是你，你就是我，你我就是万物，万物就是太空：是不可分析，不容分析的。这样——人和人中间的爱，人和万物，和太阳中间的爱，是昙花吗？是泡影吗？那些英雄，帝王，杀伐竞争的事业，自然是虚空的了。我们要奔赴那“完全结合”的那个事业，难道也是虚空的吗？去建设“完全结合”的事业的人，难道从造物者看来，是如同小蚁微尘吗？①

在文章中，冰心把自己困惑不已的问题通过两种声音的对话忠实地记录下来。批评家阿英对冰心思想的概括非常恰切，“她对于‘神秘’而‘伟大’的宇宙与生命，虽没有得着深入的理解，超个人主义的理解，但由于自然界的陶醉，母爱的浸润，她却感到了伟大的‘宇宙的爱’的存在。她对于社会的失望，人间的隔膜，纵使表示了极端的烦恼，可是，这一切，都被‘宇宙的

---

①卓如编：《冰心全集》（第一册），第96页。

爱’与‘母性的爱’的力量压抑了，征服了。所以，她的思想，即使陷于悲观感伤，却还不至于颓废，失望。”①

受到泰戈尔哲理诗形式的影响，冰心也不自觉地开始写一些意蕴深远的只言片语。冰心读大学预科时，正是新文化运动的高潮期，有着许许多多进步的文学杂志。求知欲正盛的冰心对那些杂志爱不释手，有时候上课时也会压在课本下面“公开”的偷看。如果看到好的句子，还会把它们抄写在笔记本的眉批上。虽然不过支离破碎的几句话，但对冰心而言却无比宝贵。后来冰心读到了《飞鸟集》，也是篇幅不长的小短章。这让她受到了启发，觉得自己也可以把眉批上的句子整理出来。于是，她精心地挑选了那些带有诗意的句子，将它们集中抄写出来。因为零零散散不成系统，便取名为《繁星集》。起初，冰心并不认同自己写的是诗，因为在她的观念中不管新诗还是旧诗都应该有格律，而自己所写的可算作杂感。1921 年 2 月，她在西山写了一段短小的散文

①范伯群编:《冰心研究资料》,北京:北京出版社,1984 年,第 203 页。

《可爱的》，当它被《晨报副刊》刊登的时候，以分行的形式被放在了“诗栏”中。从这以后，冰心才开始大胆地写诗。

冰心的《繁星》在《晨报副刊》上连载，那是 1922 年元旦。大约半个月之后上海的《时事新报·学灯》也开始转载。《繁星》如此受读者的喜爱是冰心没有预料到的。随后她开始创作《春水》。在 3 个多月的时间里，她写出了 182 首小诗。冰心的《繁星》《春水》延续了她清新隽永的笔调，这对于当时的新诗而言是自成一家的。在冰心的影响下，不少人也开始尝试写作清丽、灵动的小诗。当时在海外留学的宗白华受其影响，创作了抒情小诗《流云》。有一次，周作人在燕大文学会的讲演上，以《繁星》里的小诗做例子讲解新诗，但他并不知道冰心女士就是自己的学生。由此足见冰心新诗创作的影响之大了。

冰心的诗作一如既往地承袭了她语言风格上的简练如洗、清丽雅致。每一首小诗都闪烁着哲思或蕴含着对生活的寄予。在《繁星》《春水》中，冰心构建了以童真、母爱和大自然为主体的玲珑诗塔。童年时的大海极大地丰富了她的诗才。这些小诗章或充满了孩童般的俏皮，或跃动着大自然的纯真，或包蕴着母亲深厚而美好的爱，或充满了对于生活无可解的淡淡的忧思，读来觉得玲珑剔透又精巧可爱。

童年呵！
是梦中的真，
是真中的梦，
是回忆时含泪的微笑。（《繁星·二》）

我们都是自然的婴儿，
卧在宇宙的摇篮里。（《繁星·一四》）

母亲呵！
撇开你的忧愁，
容我沉酣在你的怀里，
只有你是我灵魂的安顿。（《繁星·三三》）

万千的天使，
要起来歌颂小孩子；
小孩子！
他细小的身躯里，
含着伟大的灵魂。（《繁星·三五》）

在生活面前，冰心向读者们诚实地袒露了自己的迷惘。

流星——

只在人类的天空里是光明的；

它从黑暗中飞来，

又想黑暗中飞去，

生命也是这般的不分明吗？（《春水·六〇》）

墙角的花！

你孤芳自赏时，

天地便小了。（《春水·三三》）

星星——

只能白了青年人的发，

不能灰了青年人的心。（《春水·一一三》）

冰心的《繁星》作为文学研究会的丛书之一由商务印书馆出版，这是冰心出版的第一个作品集。相隔数月，《超人》出版，收录了她 1921 年 1 月到 1922 年 10 月刊发在《小说月报》上的小说和散文。不可否认冰心有着极高的文学素养和文学天分，但是她创作的大多作品都是利用课余时间完成的，同时学校里的社会活动和功课也没有耽误。她的付出不仅在文学上开花结果，也因为学业的优异而即将迎来崭新的航程。

第四章
光阴三载海外求学

行前别绪

毕业的时节到来了，冰心比平日里更加忙碌了，开始着手准备自己的毕业论文。冰心打算写元曲，便把自己写好的论文大纲拿给老师审阅。当时中国文学老师是周作人先生，所以冰心的毕业论文也是由他指导的。周作人看完了提纲未做一字批阅，只是说了一句“你就写吧”。前期写提纲的时候，冰心已经翻阅了各种元曲的书籍做了充分准备，因此得到肯定后马上动笔开始写题为《元代的戏曲》的论文。冰心充分肯定了元曲艺术是中国文学中最好的一种，还论及了元曲和新文学的关系，后来这篇优秀的毕业论文被选登在燕京大学学报的创刊号上。

这一年的春季，冰心的英文老师鲍贵思告诉她一个好消息，美国的威尔斯利女子大学将为燕大的学生提供两年的奖学金供其留学深造。由于冰心不但成绩优异而且说着一口流利纯正的英语，所以深得英文老师鲍贵思的喜爱。这位英文老师不但自己毕业于威尔斯利大学，她的母亲和几个妹妹也都毕业于此，她们一家算得上“威校世家”了。

从老师口中听到这个消息时，冰心的内心无比激动。她当然很想抓住这个难得的机会出国深造。但是冰心又犹豫不决，她挂心着母亲现在的身体状况。冰心不但平日里对母亲非常孝顺、帮母亲分担家务照看弟弟，还因母亲的肺病立志当一名医生。这一次出国的机会摆在她面前，她首先考虑的就是母亲。心思细腻的女儿并没有把心里的担心向母亲吐露，而是偷偷地咨询了自己认识的医生孙彦科。孙医生是小舅舅杨子玉的挚友，当初由舅舅介绍来为母亲看病。后来熟络以后，孙医生就算去别处出诊，路过谢家时也要登门拜访。冰心开门见山地问出了困扰她的问题，母亲身体状况能否允许她去国两年。孙医生笑着告诉冰心，母亲的身体状况不算太坏而且凡事有他照料，让她放心去。这时，鲍贵思女士还专门给谢葆璋写了一封信，询问可否同意他的女儿出国深造。以谢家包容、进步的思想，父亲自然也是支持女儿的。他回信说只要鲍女士认为选择冰心不会辜负学校的一番栽培便同意女儿去。于是冰心要留学深造的事情就这样定下来了。一时间，家人们都为冰心感到骄傲。高兴之余做父母的也不免为从未独自离家远行的女儿能否适应异国环境而担心。

毕业典礼之时，冰心除了获得了学士学位证书外，还被授予了一枚金钥匙。金钥匙颁奖是毕业典礼的最后一项，是燕大的裴德裴荣誉学会对继续深造学术、服务社会的学生的鼓励。裴德裴荣誉学会燕大分会每年都会评选出新的会员，而冰心是获此殊荣的第一位女学生。这枚沉甸甸的金钥匙意味着学校对她的嘉奖和肯定，冰心对于这份荣誉非常珍视。

去国离家的日子临近了，冰心的吐血症却在这时突然发作了。每当她过于劳累或者心情不好的时候就会犯吐血的毛病。这次无疑是因为要离开家的情绪过于沉重才使得旧疾又犯。焦急的家人带着冰心去医院做检查，好在检查结果没有大

碍。此时已经考上协和医学院的昔日同窗林巧稚还开她的玩笑说这是天才病，等心绪一稳定自然就好了。虽然遇到了波折，但好在有惊无险，留学的事情并没有受到影响。

虽然明知自己的病不宜多思，但离别的感伤还是在冰心的心头难以散去。为了不使离别的气氛加重，母亲嘱咐弟弟们不许在冰心面前说不忍心让她孤身一人去国的话。可是童言无忌的二弟为杰无意中还是说了出来，本来欢闹的气氛一下变得沉重起来。好在这时三弟为楫出现了，他手里拿着一张地图，嚷嚷着对大家说美国在西边中国在东边，以后想要看见姐姐就拿一根竹竿把地球戳个洞，大家就可以在洞里互相看见了。这来自儿童的天真幻想和纯真的童言把大家逗乐了。

因为毕业的忙碌和生病的耽搁，冰心三四个月没有进行文学创作了，在杂志发表上也渐趋沉寂了。一天，冰心收到最新的《晨报》，随意翻阅间她忽然看到了第 4 版上的“儿童世界”这一栏目。看着“儿童世界”栏目的设立，冰心惊喜于很久以前的建议终于实现了。看着眼前报纸上辟出的“儿童世界”，冰心觉得很有必要写点什么了。于是，许久没有写作的冰心写出了一篇通讯《给儿童世界的小读者》。7 月 29 日《晨报副刊》“儿童世界”一栏刊登了这篇通讯，这也就是后来有名的《寄小读者》的开端。

离家的那天上午，冰心专门到佟府夹道燕大女校辞别师长。她先拜访的是鲍贵思女士，鲍女士写了好几封信托冰心带给自己的家人，信中还嘱咐家人要好好照顾这位远渡重洋而来的女学生。之后冰心又与其他师友一一话别。

最难舍的就是同亲人们的话别了。中午回家吃饭，看到母亲，冰心的泪珠就滚下脸颊，母女俩抱着泣不成声。昨天夜里父亲本来想对女儿说一番话，可是看到因离别而伤心不已的冰心没能谈成，只好心疼地让女儿早早回房休息。在火车站上，三弟为楫终于感受到这最心痛的时刻，他扯着哥哥的衣服央求着快点离开这伤心的地方。纵有千万般的不舍，却终究还是要离开。带着万分难过的心情，冰心坐着南下的火车离开了生活了十多年的北京。

虽然冰心知道自己要坚强要学会面对外面世界的斜风细雨，但是对于母亲的关爱、家庭的温暖她好像有一种天生的依赖。家庭、至亲的人永远是她难以割舍的一部分。在火车上为了排解离

情，冰心拿出随身带着的一本《国语文学史》想要转移自己的注意力，刚翻了几页，几个写在空白处的字“别忘了小小”跃入眼帘。看到这稚嫩的笔迹，三弟为楫那可爱的形象、离别时泪眼汪汪的眸子又浮现在冰心眼前……

火车沿着津浦路南下，途经山东泰安，冰心走到窗边眺望泰山；经过临城，她又联想到梁山好汉们。这一路她又见到了熟悉的山东老乡听到了自小就听惯了的山东话，这自然地让她想到了自己的第二故乡——烟台。虽然10岁就离开了那里，但是烟台却永远地驻扎进冰心的内心深处，即使见不到烟台的海，来到山东的地界也让她备觉亲切。

到了上海，冰心将沿途观赏到的美景、一路的心得感悟整理出来写了3篇《寄小读者》。冰心像一个大姐姐，以亲切的语气给儿童小读者们汇报一路的见闻与感想。8月15日晚，旅沪的燕大同学会设宴为留美的同学饯行。冰心结识了许多新的伙伴，大家为了在海外联系便利互相之间还留下了通讯方式。8月17日，冰心即将乘船离开祖国。没想到好友王世瑛一路从北京追到了上海。当王世瑛出现在送别的人群中时，冰心被深深地打动了，“责怪”自己的好友不该受累跑这么远来为自己送行。

下午开往美国的“约克逊号”邮轮起航了，它承载着100多名像冰心一样的莘莘学子横渡太平洋去彼岸求学。轮船驶离了黄浦江码头越驶越远，好友亲人的身影渐渐模糊了。总有千万不舍，冰心终究要与自己深爱的祖国告别，开启她崭新的海外生活了。

瀚海横渡

在接下来的数十天里，身在“约克逊号”邮轮上的冰心只有与海为伴。然而这位“海的女儿”并不感到单调和寂寞，相反她欣喜于这次与大海亲密接触的机会。童年时生长在海边的冰心，也只是站在山头或者沙滩上望一望无边无际的海洋，这次终于有机会置身于深蓝色大海的怀抱中了。她时常独自一人凭栏凝视，看着轮船划开的水花回忆儿时的海，思念着自己挚爱的父母亲和弟弟们。在海上漂泊的日子简单而单纯，除了看看海冰心还经常和同学们聚集在一起游戏。冰心玩得乐此不疲，好像又回到了孩提时无忧无虑的时光。

在海上航行了不几日，邮轮上的留学生们相互之间就熟络起来。这群年轻人耐不住远航的枯燥无趣，便办起了名为《海啸》的墙报，供大家一起写作、交流。日后鼎鼎有名的梁实秋、许地山、顾毓琇就是参与创办《海啸》的文学青年。

关于梁实秋和冰心，当时他们并不相识，只是在之前梁实秋写过批评冰心诗作的文章。早在《繁星》《春水》出版时，在评论界的一片称赞声中，梁实秋却相当严格地批评了冰心的诗。在那篇文章中，梁实秋肯定了冰心写小说的才能，却指出冰冷性格的冰心难以在诗的创作上结出硕果。而这次因为《海啸》的契机，梁实秋找到同船的冰心向她约稿，冰心欣然应允了。这下梁实秋才意识到自己之前的判断太过武断，于是，他态度诚恳地主动提起了之前批评《繁星》《春水》的事，并郑重地向冰心道了歉。冰心并没有在意昔日的批评，她认为每个人对作品的评价不同是正常的，批评本身是无所谓对错的。

不过这次航程中，冰心最大的收获恐怕是结识了自己未来的终身伴侣——吴文藻。两位相携走过半个世纪风风雨雨的有情人，他们的相识相遇却充满了戏剧性。临行前，冰心收到昔日贝满女中同学吴楼梅的来信，信中嘱托冰心帮忙照顾一下同行的弟弟吴卓。吴卓是清华的应届毕业生，与冰心搭乘同一邮轮出国。牢记着友人嘱托的冰心便托许地山帮忙在清华的学生中找找吴卓。后来也不知是清华的同学听错了名字还是出了别的差错，他们阴错阳差地找来了正在舱中读书的吴文藻。于是摸不着头脑的吴文藻便随着许地山去见冰心。

冰心打量着眼前的这位“同学的弟弟”，只见吴文藻身材高挑，浓眉细眼，高挺的鼻梁上架着一副玳瑁边眼镜，给人一种文质彬彬的感觉。一见面，冰心便主动以大姐姐的姿态关心这位“弟弟”在船上几日的情况。吴文藻便也客气礼貌地回答着。当得知是他姐姐托人照顾自己的时候，吴文藻的心里方才起了疑惑，察觉出事情的不对劲。吴文藻来自江阴一个贫寒的家庭，他家中确实有两个姐姐，但是文化程度都不高，怎么可能认识高才生呢。于是吴文藻以实情相告。冰心听了也疑惑不解，便说道，我前几天还收到她从美国寄来的信，说吴卓……

吴文藻这才恍然大悟，原来是找错人了，便忙解释说，他不是吴卓，他是吴文藻。冰心这才

明白许地山找错了人，一时间冰心尴尬极了。她既不好意思马上让他走可是又不知道该再说些什么，只好害羞地站在一旁。还好冰心的女伴陶玲站出来化解了尴尬，邀请吴文藻加入他们玩抛沙袋的游戏。或许这便是缘分吧，两个本来素不相识的人就这样误打误撞地结识了，冥冥中有一根红线将他们紧紧地系在了一起。玩游戏时，吴文藻和冰心被分到一组，两个年轻人相视一笑也忘记了刚才的尴尬，同心协力地投入到游戏中了。就这样两个人渐渐熟络起来。

夜幕降临，冰心和吴文藻倚靠着栏杆交谈，他们询问了对方要学什么专业。吴文藻要先到新罕布什尔州的达特茅斯学院修习社会学，而冰心打算选修一些英国 19 世纪诗人的课程。听到这里，吴文藻想到了刚读过的英美批评家评论拜伦和雪莱的书，便问冰心是否已经读过。从未读过这些书的冰心觉得有些惭愧，诚实地坦白自己没有读过。率真的吴文藻认真地告诫冰心这些书是应该读的，如果不用心多读些书便也就白出国了。这番话给冰心以极大地震惊，作为一位已经出版过作品集的有名气的作家，大多数人初次见面都会说“久仰久仰”这样的话。只有眼前的这位青年态度诚恳地指出了自己的不足。虽然这番话让冰心感到面子上有些挂不住，但是她的内心却是喜悦的。她意识到自己遇见了一位不可多得的诤友，更重要的是她深深佩服吴文藻的博学多识。就在吴文藻后悔自己初次谈话便把话说得过于严肃的时候，冰心却虚心地接受了他的意见。就这样这位性格温婉、神采端庄、面容清丽的女孩子也给他留下了深刻的印象。

有一天，大家围在一起讨论新一期的《海啸》。梁实秋翻译了一首诗《约翰，我对不起你》，被一位同学大声朗诵出来。清华的一位男生听完便说这写的不正是自己的同学吴文藻吗。原来有一个女孩一直追求吴文藻，在出国前夕还送了一份礼物给他，说等他回来。吴文藻却以不知何时归国为由拒绝了这位女孩。

过了几日，又见到吴文藻时冰心便问起这件事。吴文藻迟疑了一下，还是把这件事原原本本地告诉了冰心。有一年暑假吴文藻坐火车回家的路上，因为让座而认识的这位女孩，后来女孩还给他写信表达了爱意。听说吴文藻将要出国，她还特地送给他一枚心形的领带别针，背后刻着“爱”字。但是吴文藻怕耽误女孩，便拒绝了她的一番心意。冰心听着吴文藻的故事，言语之间她感到吴文藻对待感情的认真和诚实，也让冰心不由得又增添了几分敬重与好感。

船行数日，于19日晚上抵达日本的神户港。邮轮徐徐靠岸，旅人们纷纷登岸，冰心独自来到邮轮的最高处凭栏远眺这交织在一起的星光与灯光，不觉思乡的惆怅之情又涌上心头。悲伤的情绪难以控制，连给可爱的小读者们写通讯的心思都没有了。次日她才上岸游览神户的大街小巷。在神户停留不久，邮轮再一次驶离港湾向横滨出发。

航行中有时会遭遇风浪，当其他的乘客早已经躲进船舱时，只有冰心一人固执地停留在甲板上。风浪来袭，父亲临行前的话浮现在她的脑海中：“这番横渡太平洋，你若晕船，不配做我的女儿！”冰心迎着风浪坦然地面对着大海，她要用行动证明自己的勇敢无畏，证明自己不愧为一名海军军官的女儿。

邮轮抵达横滨正值傍晚，冰心在船快要靠岸时写了几张小纸条装在盛胶片用的锡筒里，纸条上写着她对渔人们的祝福。在横滨停留的日子，她上岸游览了这个城市，然后又乘坐电车去了东京。她将这一路上参观过的景色用相机记录下来，想要把相片寄回故乡给母亲看，以缓解母亲的思念之情。在这趟航行中，冰心创作了《惆怅》《纸船——寄母亲》和《乡愁》，表达对母亲的思念之情。后来文学青年们选了《海啸》中的14篇作品寄给《小说月报》作为一个专辑发表，其中就有冰心的这3首诗。

漫长的海上航行终于要结束了，邮轮在9月1日到达美国西海岸的城市西雅图。船快要靠岸的时候，冰心看到了全体侍者给留学生们写的一封信。这艘船上的侍者都是广东人，他们来到大洋彼岸谋生却备受洋人的歧视，所以他们希望留学生们能够好好学习为祖国争气。冰心透过质朴的语言感受到陪伴自己多日的侍者们的拳拳赤子心，她暗下决心要好好学习。轮船靠岸了，冰心随着人流上了岸，这是她第一次踏上美国的土地，回头看看一路载着自己而来的“约克逊号”，它所驶过的茫茫的没有尽头的海的那边是自己望不见的祖国和故乡。

留学生们在西雅图分手告别。梁实秋去科罗拉多大学、顾毓琇去麻省理工学院、许地山去哥伦比亚大学，而吴文藻则要到达特茅斯学院。临行前，大家互留了联络地址，吴文藻把冰心的地址誊抄在笔记本最显眼的位置。告别了同行的伙伴们，冰心向自己的目的地进发了。

异国思乡

9 月 9 日，冰心终于到达波士顿，一出火车站，便看到了前来接自己的鲍贵思老师的父母亲。由于学校还没有开学，冰心就先在鲍贵思的家里暂时借住几天。鲍贵思的父母亲对冰心的态度非常友好，冰心也向他们汇报着一路旅途的情况、谈起鲍贵思在中国的教学。鲍家热情招待着冰心，带她去海边散步，去城市参观，帮初来乍到的冰心适应新的环境。威尔斯利女子大学在波士顿附近的一个小镇上，快到开学的日子了，鲍夫人坚持要开车送冰心去学校。办理了入学手续后，冰心参观了校园，她很快就喜欢上了学校的新环境。按例，研究生应该住在校外，但学校特殊照顾冰心这个远道而来的中国学子，安排她住进位于校内的闭璧楼。

闭璧楼是冰心自己翻译的名字，这本是资助大楼的一位船主的名字。为了纪念这位资助人，楼内的墙壁上悬挂着许多海的图片，这正好迎合了爱海的冰心的心意。所以每当思念家乡和亲人的时候，这些图片总能唤醒记忆深处的海为冰心带来些许慰藉。

初到美国就面临着要过中秋节，这对于刚走出家门对故乡无比牵挂留恋的冰心而言是非常残忍的。然而新环境再好，也毕竟是一个完全崭新的世界。思乡的情绪总会在不经意间攻占她的心头。

阴历八月十四的晚上，月亮已经非常圆了，冰心不禁又陷入思念家人的悲伤中。中秋节当天，天气由晴转阴，冰心暗暗庆幸这阴沉的天可以遮一遮圆满的月亮，否则自己的思乡之情又要被无端勾起了。晚上，同学们邀请冰心同去慰冰湖泛舟，大家一起等待圆月从云层后面现身。同学们都很期待满月的出现，唯独冰心怕触景伤情，只希望云层可以一直挡住这异乡的一轮圆月。那晚，月亮终究没有出来，冰心如释重负地觉得自己终于逃过了中秋的“思乡劫”。然而，第二天晚上，冰心去同学的房间串门，却看到月华的清辉铺洒了一地。这一刻她终于忍不住自己想家的情绪了，她逃回自己的房间，强迫自己坐在书桌前靠读书转移注意力，却无济于事。可怜

的冰心在这举目无亲的异国，最终还是被思乡的情绪打败，无法故作坚强的她只好躺在床上默默流下了孤独的泪水。“乡愁麻痹到全身，我掠着头发，发上掠到了乡愁；我捏着指尖，指上捏着了乡愁。是实实在在的躯壳上感着的苦痛，不是灵魂上浮泛流动的悲哀！”[1] 后来冰心自己这样记录着当时的感受。现在通过文字我们依然可以感到这透入骨髓的乡愁是如何紧紧地攫住了这个异乡求学的少女的心。为了缓解对父母的思念之情，冰心把父母亲的照片摆放到自己的书桌上，这样就能天天有他们的陪伴了。她还带来了福建的特产——水仙花，这来自故乡的小生命再也不能依靠父母亲的打理了，冰心要学着自己栽培她、呵护她，让她在这异国的土壤里开出灵动优雅的花。

冰心很想念弟弟们，她并没有忘记当初离家的时候，弟弟们让她把见闻写下来寄给他们的小请求。思乡的情绪平复以后，10 月 14 日的这天早晨，她早早起床，沐浴着朝阳穿过了小树林来到了慰冰湖畔。此时已经是美国的秋天，树叶已

① 卓如编：《冰心全集》(第一册)，第 487 页。

经发黄变红，在秋风习习中，伴随着四面的水声，冰心摊开纸开始给亲爱的小读者们写通讯。

湖水轻柔地拍打着微波，漾开的水波浸润了湖石就要流到冰心蔽膝的毡子上，仿佛想让冰心给它们介绍些新朋友。在这一日的通讯里，冰心向小读者们倾吐着自己的心事。她自作主张地给这个湖起了一个好听的名字“慰冰湖”，谐音会意即安慰冰心之意。这一片温柔的湖水在冰心的眼中是海的女儿，是一个耐心、善解人意的朋友，而一路赴美与海的接触则让她觉得海与湖相比更像是广博宽宏的母亲。在这样一个宁静的校园清晨时光里，一个来自东方的女孩安坐湖边，用一支笔给远方的故乡儿童们遥寄祝福。

冰心逐渐适应了学校的生活，她认识了一位来自日本的同学叫濑尾澄江。这个同样来自东方的女孩和她一样有着相近的文化背景、饮食习惯和生活习惯。和她在一起，不需要过多的解释两个人就能够形成默契。有时候，冰心还会和她到附近的村里买来肉、大米和青菜，在宿舍里做一顿可口的饭菜。到了一个月的月中时候，月亮又圆又亮，两位好友还相约去湖边散步。夜色如洗，明净的月光温柔地笼罩着树林和湖面。湖上偶尔会划过一艘船渐渐消失在水雾中。在这幽静的环境中，冰心和濑尾澄江谈论着“理想的爱和天国”，这两个来自不同国度的女孩打破了国家的界限，在某一刻形成一种想法上的共鸣。后来冰心为了记下这难忘而美好的一夜也为了纪念这位最知心的朋友，写了一篇散文《好梦》。

青山疗养

快到美国的感恩节了，冰心和 S 教授并排坐在壁炉前谈论着自己国家的节日。那晚的星空非常美丽，S 教授建议一起出去散步，于是两人喝了咖啡便披上衣服出门了。仰头看着满天星斗，S 教授如数家珍地告诉冰心这些星星是哪一种星座。冰心惊讶于这位老妇人认识星座的本领，便好奇地询问因由。原来 S 教授的弟弟是航海家。当冰心听到航海家这个词的时候，多日来有同学相伴而淡忘了的乡愁又一下在心头郁结。S 教授送冰心回家后，半夜冰心便觉得身体不舒服。第二天她拖着虚弱的身体依旧照常早起上课。或许是心理作用这一天她都觉得无精打采，傍晚时分的夕阳更平添了心头的沉重。夜里，冰心突然在梦中惊醒，一口鲜血从嘴里喷出。随后医生和护士纷纷赶来，采取紧急救治措施，连夜把她送到了威尔斯利大学的圣卜生疗养院。这次冰心生病显然是与过度思乡有关。

冰心住院的消息很快便在闭璧楼中传开了，同学和老师们纷纷到疗养院探望，却因为医生以病人需静养的理由阻止而不得相见。然而她们的礼物和信却及时被送到冰心手中。同学们送来的鲜花快要把病房占领了，连看护人员也开玩笑地说，“这屋里成了花窖了”。拆看同学们的来信对于病中的冰心而言成了一件乐事。

一个美国朋友写着：

从村里回来，到你屋去，竟是空空的。我几乎哭了出来！看见你相片立在桌上，我也难过。告诉我，有什么我能替你做的事情，我十分乐意听你的命令。

一个日本朋友写着：

生命是无定的，人们有时虽觉得很近，实际上却是很远。你和我隔绝了，但我觉得你是常常近着我！

中国朋友说：

今天怎么样，要看什么中国书么？[1]

听闻冰心住院，鲍夫人也匆匆忙忙地从波士顿赶来，好一番请求才获得医生的允许进入病房探看冰心。临别时看着频频回顾不忍离去的鲍夫人，冰心感到母亲之爱，不禁又潸然泪下。由于冰心的病需要静养，护士不许她过度劳累，冰心只能央求护士同意自己写一点东西。除了给父亲的一封家书，为了感谢老师和同学们深厚的情谊，她还给闭璧楼的 96 位女同学写了一封感谢信。冰心经常拿一本书让看护妇误以为自己在读书，实则又在悄悄地写东西。因为送来的花太多，看护妇担心太香了对冰心康复不利，便把花都收走了，只留下冰心最爱的一瓶玫瑰花，在暗夜里向空气中输送着清香……

经过几天的休养，冰心满心欢喜地以为自己快要病愈出院了，没想到却从医生的口中得知自己不但不能出院反而需要转到青山沙穰疗养院休养半年的消息。这个消息打破了冰心早已定好的学习计划，出国深造怎么会变成出国疗养呢？窗外飘落下的黄叶，片片打在冰心凄清的心头。虽

---

①卓如编:《冰心全集》(第二册)，第 25 页。

然有心学习，身体条件却不允许，冰心只有徒然哀叹。这天下了雪，在几位老师和同学的陪同下，冰心坐着车来到了青山沙穰疗养院。等陪同前来的师友乘车离开后，冰心一个人看着满目的山和穿梭在山谷中火车喷出的白烟觉得内心空落落的。身体羸弱的她要在这寂寂空谷中颓然地久住下去了……

冰心来美国后的第一个圣诞节是在青山沙穰疗养院度过的。在《寄小读者·通讯十一》中，冰心详细地记录了节日的前前后后。12 月 24 日平安夜，楼前雪地的一棵松树已经装饰成了一棵圣诞树，披挂着彩灯、星星。午夜的圣诞歌将冰心从睡梦中拉进了现实世界里。她向窗外看去，明月高悬，映目的白雪地，还有圣诞树上的大灯星，冰心也在这静穆的氛围中感受到了内心如止水般的宁静与平和。伴随着悠扬的歌声冰心渐渐入梦，梦见了自己亲爱的弟弟。次日早晨，冰心收到了许多礼物，这些礼物由看护妇抱着拿进屋里。以红丝缠绕、白纸包裹的礼物堆放在冰心的床上，她像个小孩子一样沉浸在拆礼物的欢欣中。晚上疗养院还举行了聚会，是专门为在此疗

养的小孩子们开的。大厅中有一棵装点华丽的圣诞树，树上挂满了礼物，每个礼物还随附一首滑稽诗。冰心的礼物是一支五彩漆管的铅笔，铅笔的一端带有橡皮，随附的诗是：

> 亲爱的，你天天在床上写字，写字，
> 必有一日犯了医院的规矩，
> 墨水沾污了床单。
> 给你这一支铅笔，还有橡皮，
> 好好的用罢，
> 可爱的孩子！①

看到这调侃的玩笑话，冰心会心的一笑。在疗养院的休养使冰心的身体渐渐恢复起来，医生鼓励她出去多走动走动。这个好消息让冰心几乎欢呼起来。她独自行走在山路上，把落叶踩得沙沙作响，穿过结冰的湖面享受阳光的沐浴，坐在大树根上看风景……除了这些，冰心最常做的还有“埋存与发掘”，这还是她小时候留下的习惯。小时候冰心喜欢把玩够了的墨鱼脊骨雕成的小

①卓如编：《冰心全集》(第二册)，第37页。

船、五色纸粘成的小人或者写了字的树叶、石块埋在土里。哪天想起来时便去发掘出来看看，想不起来便永久地埋在那里。顽皮的冰心在独行的时候就把明信片、西湖的画片或者用过的纱巾都像小时候一样埋在某处。这些“宝物”星罗棋布散落在满山。有时候旧地重游，还会将它们挖出来再看看，或者干脆莞尔一笑地走过去。病中的冰心率性而为，做了一回天真烂漫的儿童。还有一件有趣的事，黑色头发的冰心有时穿着裘皮大衣略显笨拙地在冰上行走，当地的小孩子就管这位东方女孩叫因纽特人。

风雪天不能出去“漫游”时，冰心就同病友们在大厅里消闲。一个叫荣的希腊女孩子同冰心的关系很好，她常常以古国国民自居。她们一个不会弹琴一个不会唱歌，却跑到琴边胡闹。当冰心弹琴时，她就随着琴声唱歌，因为翻来覆去只会那么有限的几首，周围的病友就叫停打趣她们。这时，荣就开玩笑地说这是古国音乐合奏，她们不配欣赏。从此以后，冰心再弹奏起音乐，总要被打趣说古国的音乐又来了。病友们聚在一起有说有笑，气氛和乐融融。

冰心还与山里的小动物们交上了朋友。她每天都去山后面的牛棚喂那匹负责拉牛乳罐子的斑白大马。当她将树叶递给它的时候，冰心仿佛感到马儿在用眼神和自己交流。还有一只驯养的小狗，冰心初次见它还有些害怕，但知道这是一只驯过的小狗后便叫它的名字与它亲近。渐渐地，这只小狗成了冰心的“小跟班”，随她一起游山，在身边保护她。

山中静养的时光，让冰心能够日日与晨光自然为伴。她看到树上的雏鸟、美丽的风景时总会不自觉地联想到母亲和家中的亲人。

> “我们幕天席地的生涯之中，和小鸟最相亲爱。玫瑰和丁香丛中更有青鸟和知更雀的巢，那巢都是筑得极低，一伸手便可触到。我常常去探望小鸟的家庭，而我却从不做偷卵捉雏等等破坏它们家庭幸福的事。我想到我自己不过是暂时离家，我的母亲和父亲已这样的牵挂。假如我被人捉去，关在笼里，永远不得回来呢，我的父亲母亲岂不心碎？”①

---

①卓如编:《冰心全集》(第二册),第 152 页。

当思念之情难以遏制，她就坐在房间里遥望窗外的青山，儿时的回忆和此时的想法一涌而出，她就用笔将之写下来。在这里，她写下了歌颂母爱的长篇书信《寄小读者·通讯十》以及可以算作续篇的《通讯十二》，回忆了与母亲在一起相处的点点滴滴。此外她还写了《山中杂记——遥寄小读者》向小读者们汇报自己在沙穰生活的情况。《寄小读者》所有的文章除了对生活的实录，几乎都是由回忆童年往事、歌颂母亲和大海构成的。闲居静养的“隐居”生活，让冰心更充分地体味到母爱的真挚与童年的宝贵。

“天上的星辰，骤雨般落在大海上，嗤嗤繁响。海波如山一般的汹涌，一切楼宇都在地上旋转，天如同一张蓝纸卷了起来。树叶子满空飞舞，鸟儿归巢，走兽躲到它的洞穴。万象纷乱中，只要我能寻到她，投到她的怀里……天地一切都信她！她对于我的爱，不因着万物毁灭而变更！”①

这一段将母亲给孩子无私的庇护写得动情感

①卓如编:《冰心全集》(第二册),第 31 页。

人。冰心执着于大海、童年、母爱这些意象，虽然有过于空洞、抽象、简单之嫌，但她用那支富有感染力的笔为年轻读者们渲染出了一个健康、明净的世界，净化了一代代小读者们的心灵。

疗养期间，吴文藻特意来探望过冰心，因为他要到纽约度假途经波士顿，便同几位清华的同学一起来沙穰疗养院探望。同学们的到来，使她在短暂的说说笑笑的时光中与外界仿佛有了一点沟通。对冰心而言，还有一位重要人物的到来让她异常欣喜，那就是燕大校长司徒雷登。冰心听说校长来美国了，却没有想到司徒雷登到了波士顿后竟然上青山来探望自己。司徒雷登宽慰了心系学业却不得的冰心，还邀请她毕业后为母校效力。校长的一番殷切期盼，也让冰心明确了自己毕业后的方向。

1924 年 6 月，冰心终于等到了病愈出院的那一天。出院的前一晚，病友们搞恶作剧，将新生的带刺松子铺到了她的床上，那些松子散发的淡淡清香伴随冰心度过了最后一个安静的夜晚。沙穰疗养的时光是一段安闲、清冷的时光，在清幽的环境中冰心深入思考了宇宙与人生，体会人与人之间的细腻感情。离开的这天早上，她早早起床向陪伴了自己无数个日日夜夜的花花草草们道别，在病友们的摇铃送别声中，搭载冰心的车缓缓地驶离了沙穰疗养院……

爱情甜蜜

病愈后的冰心跟随鲍贵思一家游历了默特佛一个大西洋沿岸的小镇，应本校 K 教授的邀请去白岭山避暑，体验真正的新英格兰农家生活。还去了鲍贵思的父亲鲍老牧师购置的小岛——伍岛避暑。这位在山中“困”久了的姑娘，一获得自由就迫不及待地往自己向往的海边奔去，她甚至没有听从医生不许她去潮湿的海边的建议，这一番游历终于让这位“海的女儿”如鱼得水了。

重返校园的生活又变得多姿多彩。在中国学生会波士顿分会上冰心认识了哈佛大学的清华留学生浦薛凤。浦薛凤和吴文藻同为清华的同学。浦薛凤热情地邀请冰心去观看哈佛和耶鲁的足球赛。因为波士顿到威尔斯利只需 40 多分钟的车程，周末的时候，浦薛凤还会召集在哈佛和麻省理工的中国留学生去威尔斯利看望冰心。由于冰心的访客太多连舍监都看不懂哪一个是她的男朋友。因为外国的女学生的访客一般都是男朋友，所以每次总有一群人来看望冰心，搞得舍监一头雾水。

病愈后重返校园的冰心，经常邀请这些老友来自己学校附近的中国餐馆吃饭聚餐。虽然是一家小餐馆，但是大家聚集在一起畅谈天地却也别有一番趣味。饭后荡舟湖上，他们还突发奇想成立了一个社团——湖社，目的是增进不同专业之间的知识交流。经常参加的有梁实秋、瞿世英、顾一樵、浦薛凤、冰心等。他们会提前拟就一个议题，给大家几周的准备时间，等下次聚会的时候共同讨论。这个类似于沙龙的松散社团，增进了大家的友谊，更重要的是交流了所学、开阔了眼界。

留学美国的清华留学生心系祖国和人民的命运，1925 年 1 月他们在哈佛开会，打算成立大江学会宣传国家主义。他们初步打算通过演出古典戏曲来宣传中国传统文化，最后决定在波士顿上演《琵琶记》，还请冰心来帮忙。梁实秋负责翻译剧本，冰心负责女演员在剧中的服装。演出前夕，扮演牛小姐的邱女士得了猩红热不能演出，无奈之下冰心只好临时上阵。

之前，冰心写信邀请吴文藻前来观看，还在信中附上一张入场券。但是吴文藻是典型的书生，他考虑到路途来回耗时过多，再加上功课繁忙便很遗憾地拒绝了。让冰心惊喜的是，演出那天她在观众席中一眼就看到了吴文藻。原来吴文藻回信拒绝后自己又后悔了，他分明很想见到冰心不想错失这么好的机会。于是他便风尘仆仆地赶到演出现场。第二天，冰心在鲍贵思的父母家休息，同学们相约来看她，吴文藻也在其中。冰心悄悄地对他说，这次你能来看我，我很高兴。听了这句话，吴文藻也明白了冰心对自己的心意，两个人的内心因这次相见充满了喜悦。

按照美国大学的要求，研究生想要顺利毕业必须要掌握两门外语。冰心之前在国内时已经学过一年的法语，为了通过这门外语，冰心决定到康奈尔大学暑期学校补习法语。她先应同学之邀前往银湾游览了数日，随后才来到绮色佳的康奈尔大学。没想到，在这里冰心遇上了也来修习法语的吴文藻，就这样有缘之人又见面了。吴文藻帮着冰心置办好了生活用品。因为放暑假，康奈尔大学里的中国留学生都外出旅行了，所以课余时间只有吴文藻和冰心共度时光。绮色佳是一个小镇，风景非常秀丽，行走在山涧有涓涓泉响相伴入耳，夜晚入梦也是伴随着叮叮咚咚的泉声。

她和吴文藻在无课的日子就结伴游走在山涧中，一起跃下曲折的岩层，在泉水边读书、聊天、拍照。

虽然冰心很中意吴文藻，但她还是保持着自己端庄矜持的淑女姿态。每次吴文藻为冰心拍了照片都由他送到照相馆洗照片，冰心就坚持要自己拿着取照片的单子，因为她担心吴文藻不经她同意偷偷留下自己的照片。每次都是两个人一起取照片，冰心的这种坚持让吴文藻哭笑不得。吴文藻跟冰心要过几次照片，可冰心一次也没有同意，别说照片了就连底片也被收走了。

尤克佳湖是绮色佳的一处名胜，冰心和吴文藻时常来这里荡舟。两个亲密的朋友聊着天，不知不觉就聊到了父辈们的生活上。冰心向吴文藻说自己非常敬佩父母亲的感情，他们的婚姻生活是聚少离多、走过了许多坎坷不平却依然相敬如宾。这样的感情在冰心看来最难能可贵。吴文藻却提到了婚姻中那些不幸的家庭生活，爱情被家庭生活消弭了，婚姻走向了不幸的尽头。在冰心的眼中，婚姻恰恰是甜蜜爱情的新的开始，两个携手的人要共同承担风雨、走过荆棘，这样的爱情才是真正的爱情。

听了冰心的爱情观，吴文藻的内心深受触动，他没有想到这样一个外表柔弱的女子内心却是这样独立、坚强。小船荡到了湖中心，吴文藻感到是时候说出埋藏在自己内心好久的话了：

“我想问你一句话，这句话在我心里反复思索了无数遍……我们可不可以最亲密的生活在一块？”

对于这一对早已心心相印的青年人来说，虽渴望这一天这一刻的到来，但是身临其境中双方又免不了感到紧张局促。

面对吴文藻表露的心迹，冰心也问出了内心最在乎的问题。她说：

“你知道我身体很不好，你何必找一个不能‘白头偕老’的伙伴？”

吴文藻真诚地回答：“做你的终身伴侣是我的最大心愿。”

冰心默然了，吴文藻平静了一下激动的心情说：“当然，你不一定立刻回答，请你考虑一下我们的生活能否融洽。”

面对着吴文藻真诚的表白，冰心的脸也涨得绯红，她一言不发默默地走回自己的宿舍。夜不能寐的她思索了整整一夜，但是冰心考虑的不是门第之间的高下，而是问自己这个青年能否执子之手走过一世春秋。

第二天，冰心给了吴文藻一个肯定的答复。毕竟她的内心一直以来也爱慕着这位质朴、憨厚的年轻人，她信任他的为人。只不过自己同意了还不算数，她认为还要得到父母的同意才可以。冰心的一句“我没有意见”让吴文藻欣喜若狂，压在心头的一块大石头终于落地了。他们成了光明正大的男女朋友，两颗年轻的心就这样走在了一起。

在一起学习的欢乐日子转瞬即逝，开学的日子到了，吴文藻去哥伦比亚大学研究院继续深造，冰心则返回威尔斯利大学。返校后，冰心整理出一份吴文藻送给自己的礼物，是一支“理想”牌的钢笔和一大盒印有“谢婉莹”三个字的首字母的信纸。为了给心爱的人挑选礼物，憨厚老实的吴文藻也算下了大功夫。之前他送过不少礼物给冰心，都被冰心拒绝了，只有这一次的钢笔和信纸冰心收下了。

确立了恋爱关系的两个人借助鱼雁传情。吴文藻几乎每天都要给冰心写信，遇到周末邮局休息不送信的时候，吴文藻就用快递把信送到冰心手上。12 月 12 日夜，冰心收到吴文藻的一封长信细说自己的相思之情，她把来信捧在手一遍一遍地读着，从心头涌出的相思之情就像初到美国时的思乡之情一样久久难以平复。她低头走在校园里，却仿佛看到雪地上写满了“相思”这两字，她来到图书馆再也无心读书，即兴写了一首小诗《相思》：

躲开相思，
披上裘儿
走出灯明人静的屋子。

小径里明月相窥，
枯枝——
在雪地上
又纵横的写遍了相思。①

随着两个人频繁往来的通信，舍监和同学们都看出了端倪，知道冰心有一位在哥大的男朋友了。这时，一位同学跑来问冰心，明明有许多名人、条件好的人托人来求婚你都拒绝了，却偏偏看上了既无社会名望、也无殷实家底的大学

①卓如编：《冰心全集》（第二册），第 185 页。

生呢？

虽然冰心成名早，但她一直未受什么社会染缸的浸染。或许觉得那些有名气的人太过传奇不宜做丈夫，她才更倾慕吴文藻这种踏实有为的青年。抛开家庭地位、社会名望、经济条件这些外在的因素，建立在两个人相互理解、彼此尊重基础之上的爱才是使生活融洽的最大因素吧。此后他们相伴相随的一生也证明了冰心当初并没有看错人。

1926 年，冰心的毕业论文以“论李清照的词”为题，顺利地通过答辩，获得了文学硕士学位。论文通过答辩之际，冰心收到一笔巨额汇款，这是燕大寄给她的回国费用。她用这笔钱预订了一张回国的船票，吴文藻托搭乘同一艘轮船回国的好友潘光旦在归途中照应冰心。7 月，冰心收拾好行囊登上了重回祖国怀抱的轮船。这位身体纤弱多病的女孩终于凭借着强大的毅力完成了在海外的学业，她的行李箱里除了毕业证以外，还多了一封吴文藻写给冰心父母亲的信。

第五章
小家庭初尝人生甘苦

执教燕园

当约克逊号轮船渐渐靠近祖国的海湾时，冰心激动得难以自持。这些年来魂牵梦萦的故土，故乡的亲人们，终于要相见了！轮船停靠在当初离家时的港口——吴淞口岸，冰心终于踏上了祖国母亲的大地。

一到上海，冰心就先去拜访表兄刘放园。当初出国时，表兄为她筹集了100美金的费用，这笔钱冰心一直存在身边，如今又将它原封不动地归还给原主了。热情的表兄劝冰心在上海多玩些时日，可归心似箭的她谢绝了表兄的好意乘车北上了。与第一次搬家去北京的体验不同，这次回家，冰心深深领会了北方的好。绿色的柳树红色的夹竹桃，连凉凉的清风也带有一种浓浓的乡情。一回到家，冰心就看到了悬挂在堂屋的一副对联：

花甲初周　德星双耀

明珠一颗　宝树三株①

这副出自放园表兄之手的贺寿对联把冰心全家都写了进去。如今这一家的明珠也回来了，3 株宝树经过了 3 年的成长也快要自成气候。大弟为涵已经从唐山路矿学院毕业，在交通部门任职；二弟为杰起初学业并不理想母亲担心他毕不了业，现在他已是念完高中准备考大学的高才生了；冰心最疼爱的三弟为楫也长成了翩翩少年郎。因为记挂着大洋彼岸的吴文藻，冰心把那封信悄悄地放到了父亲床前的小桌上。谢葆璋作为一名军人养成了早起的习惯，起床后他发现了小桌上端放着的那封信，便喊醒了夫人一起阅读：

谢先生

太太：

请千万恕我用语体文来写这封求婚书，因为我深觉得语体文比文言文表情达意，特

① 卓如编：《冰心全集》（第六册），第 299 页。

别见得真诚和明了。但是，这里所谓的真诚和明了，毕竟是有限的。因为人造的文字，往往容易将神秘的情操和理性的想象埋没掉。求婚乃求爱的终极。爱的本质是不可思议的，超于理性之外的。先贤说得好："道可道，非常道。名可名，非常名。"我们也可以说，爱是一种"常道"或是一种"常名"。换言之，爱是一种不可思议的"常道"，故不可道；爱又是超于理性之外的"常名"，故不可名。我现在要道不可道的常理，名不可名的常名，这其间的困难，不言自明。喜幸令爱与我相处有素，深知我的真心情，可以代达一切，追补我文字上的挂漏处。

令爱是一位新思想旧道德兼备的完人。她的恋爱和婚姻观，是藻所绝对表同情的。她以为恋爱犹之宗教，一般的圣洁，一般的庄严，一般的是个人的。智识阶级的爱，是人格的爱。人格的爱，端赖于理智。爱——真挚的和专一的爱——是婚姻的唯一条件。为爱而婚，即为人格而婚。为人格而婚时，即是理智。这是何等的卓识！我常觉得一个人，要是思想很彻底，感情很浓密，意志很坚强，爱情很专一，不轻易地爱一个人，如果爱了一个人，即永久不改变，这种人的爱，可称为不朽的爱了。爱是人格不朽生命永延的源泉，亦即是自我扩充人格发展的原动力。不朽是宗教的精神。留芳遗爱，人格不朽，即是一种宗教。爱的宗教，何等圣洁！何等庄严！人世间除爱的宗教外，还有什么更崇高的宗教?

令爱除了有这样彻底的新思想外，还兼擅吾国固有的道德的特长。这种才德结合，是不世出的。这正是我起虔敬和崇拜的地方。她虽深信恋爱是个人的自由，却不肯贸然独断独行，而轻忽父母的意志。她这般深谋远虑，承欢父母，人格活跃，感化及我，藻虽德薄能鲜，求善之心，那能不油然而生？她这般饮水思源，孝顺父母，人格的美，尽于此矣，我怎能不心悦诚服，益发加倍的敬爱！

我对于令爱这种主张，除了感情上的叹服以外，还深信她有理论上的根据。我们留学生总算是智识阶级中的人，生在这个过渡时代的中国，要想图谋祖国社会的改良，首当以身作则，一举一动，合于礼仪。家庭是社会的根本，婚姻改良是家庭改良的先决问题。我现在正遇到这个切身的问题，希望自己能够依照着一个健全而美满的伦理标准，以解决我的终身大事。我自然更希望这个伦理标准，能够扩大他的应用范围。令爱主张自己选择，而以最后请求俯允为正式解决，我认为这是最健全而圆满的改良方针，亦即是谋新旧调和最妥善的办法。这就是我向二位长者写这封求婚信书的理由。

我自知德薄能鲜，原不该钟情于令爱。可是爱美是人之常情。我心眼的视线，早已被她的人格的美所吸引。我激发的心灵，早已向她的精神的美求寄托。我毕竟超脱了暗受天公驱使而不由自主的境地，壮着胆树立求爱的意志，闯进求爱的宫门。我由佩服而恋慕，由恋慕而挚爱，由挚爱而求婚，这其间却是满蕴着真诚。我觉得我们双方真挚的爱情，的确完全基于诚之一字上。我们的结合，是一种心理的结合。令爱的崇高而带诗意的宗教观，和我的伦理的唯心观，有共同

的理想基础和共同的感情基础。我们所以于无形中受造物的支配，而双方爱情日益浓密，了解日益进深。我想我这种心态是健全的，而且稳重的。我誓愿为她努力向上，牺牲一切，而后始敢将不才的我，贡献于二位长者之前，恳乞您们的垂纳！我深知道这是个最重大的祈求；在您们方面，金言一诺，又是个最重大的责任！但是当我做这个祈求时，我也未尝不自觉前途责任的重大。我的挚爱的心理中，早已蕴藏了感恩的心理。记得当我未钟情于令爱以前，我无时不感念着父母栽培之恩，而想何以实现忠于国孝于亲的道理。自我钟情于令爱以后，我无时不深思默想，思天赐之厚，想令爱之恩，因而勉励自己，力求人格的完成，督察自己，永保爱情的专一。前之显亲扬名，后之留芳遗爱，这自命的双重责任，固未尝一刻去诸怀。

我写到这里，忽而想起令爱常和我谈起的一件事。她告诉我二位长者间挚爱的密度，是五十余年如一日。这是何等的伟大！我深信人世间的富贵功名，都是痛苦的来源；只有家庭和睦，是真正的快乐。像您们那样的安居乐业，才是领略人生滋味，了解人生真义。家庭是社会的雏形，也是一切高尚思想的发育地，和纯洁情感的养成所。社会上一般人，大都以利害为结合，少有拣选的同情心。我们倘使建设一个美满愉快的家庭，绝不是单求一己的快乐而已，还要扩大我们的同情圈，做到“亲亲而仁民，仁民而爱物”的真义。我固知道在这万恶的社会里，欲立时实现我们的理想，绝不是一件容易事。可是我并不以感到和恶环境奋斗的困难，而觉得心灰意懒。我深信社会上只有一二位仁人君子的热心毅力，世道人心，即有转移的机会和向上的可能。我质直无饰地希望令爱能够和我协力同心，在今后五十年中国时局的紧要关键上，极尽我们的绵薄。“舜何人也，予何人也，有为者亦若是！”总之，恋爱的最终目的，决不在追寻刹那间的快乐，而在善用这支生力军，谋自我的扩充，求人格的完成。婚姻的最终目的，亦决不在贪图一辈子的幸福，而在抬高生活的水平线，做立德立功立言等等垂世不朽的事业。天赋我以美满愉快的生活，我若不发奋

图报，将何以对天下人？又将何以对自我？

我仿佛在上面说了许多不着边际的话，但是我的心中是恳挚的，我的脑筋是清明的。我现在要说几句脚踏实地的痛心话了。我不爱令爱于她大病之前，而爱她于大病之后，未曾与她共患难，这是我认为生平抱恨的一件事！我这时正在恳请二位长者将令爱付托于我，我在这一点子上，对于二位长者，竟丝毫没有交代。我深知二位长者对于令爱一切放心，只有时时挂念着她的身体。我自从爱她以来，完全作如是观。我总期尽人事以回天力，在她身体一方面，倘使您们赐我机会，当尽我之所能以图报于万一。

我自己心里想说的话，差不多已说完了。我现在要述我的家庭状况，以资参考。藻父母在堂，一姐已出阁，一妹在学。门第清寒，而小康之家，尚有天伦之乐。令爱和我的友谊经过情形，已详禀家中。家严慈对于令爱，深表爱敬，而对于藻求婚的心愿，亦完全赞许。此事之成，只待二位长者金言一诺。万一长者不肯贸然以令爱付诸陌生之人，而愿多留观察的时日，以定行止，我也自然要静待候命。不过如能早予最后的解决，于藻之前途预备上，当有莫大的激励，而学业上有事半功倍的成效。总之，我这时聚精会神的程度，是生来所未有的。我的情思里，充满了无限的惶恐。我一生的成功或失败，快乐或痛苦，都系于长者之一言。假如长者以为藻之才德，不足以仰匹令爱，我也只可听命运的支配，而供养她于自己的心宫；且竭毕生之力于学问，以永志我此生曾受之灵感。其余者不足为长者道矣。临颖惶切，不知所云。

敬肃，并祝万福！

吴文藻上

一九二六，七，一　美国剑桥[①]

阅毕，谢葆璋、杨福慈满心欢喜女儿终于找到人生伴侣了。从来信中，二老感到吴文藻的稳重，再加上相信女儿的眼光，他们觉得这个年轻人应该值得女儿托付终身。只是二老不确定吴文藻家中是否早有定亲，所以想等他从海外归来后

①冰心著:《我自己走过的路》,北京:人民文学出版社,2007年,第29页。

问清楚再决定。

冰心在燕大读书时就非常出色，曾担任《燕大季刊》的编辑，代表毕业生发表讲话，还获得了“金钥匙”奖。如今这位才女回母校任教很受器重。她被燕京大学同学会推举为执委常务委员、燕大最高权力机构董事会的校友代表，《燕大季刊》还聘请冰心担任诗歌顾问。不久，父亲弃官南下，全家也迁到上海定居，只剩下冰心一个人在北京生活。

冰心住在燕园中的朗润园里，她生性恬淡，在这幽静清雅的大学校园里过着学者式的生活。上班第一天，热心的同事们帮她忙前忙后，她很庆幸自己走上社会的第一份工作是一个相对单纯的环境。

作为助教冰心带着学生们拜会了鲍贵思老师。听着同学们对鲍老师的肯定，冰心非常高兴。除了教授国文以外，冰心还开了一门《欧洲戏剧》作为选修课。这门课吸引了欧洲语系的一位学生前来听讲，这就是后来创办了中华戏曲学校的焦菊隐。

燕大的诸多老师都是冰心的老师，为了体谅其他老师，冰心总是主动把自己的课选到早上第一节。她总是一早就来到教室等待同学们陆陆续续地到来，可焦菊隐总是最晚一个慌慌张张地走进教室。平日里同学们已养成了进教室脱帽的习惯，可每次快要迟到的焦菊隐都来不及摘掉帽子，每当这时冰心就会拿他的帽子开玩笑。但一上起课来，焦菊隐的态度就认真起来。有时候师生二人还会就一个问题在课堂上进行讨论，这种方法增强了焦菊隐对戏剧理论学习的兴趣。等他成为中华戏曲学校校长后，依然很尊敬这位“小先生”，每次演出都会邀请冰心去听戏。

归国这段时间，冰心在文学创作上少有成果，真正算得上作品的不过几首诗。在她自己看来，那时的时间不是给了学生们便是消耗在了探望父母亲的往返路途中，很少有创作的时间。尽管如此，给大洋彼岸的爱人写信却并没有耽误，其实那些给吴文藻的一封封信也应算数，这创作量便也不算小了。

同心永结

1928 年，国内的形势更加复杂。看似平静的大学校园里，师生们的心和战火中的同胞连在一起。日本帝国主义的暴行让冰心激愤，同胞们的

不幸让冰心痛心，面对着祖国大地上刀与火、血与泪的残酷现实，她深感自己必须做些什么。她想到了海外的学子们对祖国现在上演的一幕幕悲剧或许还毫不知情，于是 5 月 9 日的一个夜晚，冰心奋笔写下了《我爱，归来罢，我爱!》:

这回我要你听母亲的声音，
我不用我自己的柔情——
看她颤巍巍地挣扎上泰山之巅!
一阵一阵的
突起的浓烟，
遮蔽了她的无主苍白的脸!
……
归来罢，儿呵!
先把娘的千冤万屈，
仔细的告诉了你的友朋。
你再招聚你的弟兄们，
尖锐的箭，
安上了弦!
束上腰带，
跨上鞍鞯!
用着齐整激昂的飞步，
来奔向这高举的烽烟!

……

我爱，归来罢，我爱！

我不用我自己的柔情，

我爱，归来罢，我爱！

我要你听母亲的哀音！①

这首诗一改冰心在《繁星》《春水》中清丽典雅的风格，往昔所珍爱的鲜花、阳光与爱都在敌人的炮火下灰飞烟灭，而今的诗作中只剩下了对侵略者的控诉和保卫祖国的迫切之心。这是一首祖国母亲呼唤儿子的信，也是彷徨无助的冰心呼唤爱人的情诗。写完后，冰心誊抄了一份寄给了正在哥伦比亚大学攻读博士学位的恋人。吴文藻收到信更是归心似箭了。这年夏天，吴文藻完成了自己的博士论文《见于英国舆论与行动中的中国鸦片问题》，从这一题目看吴文藻并非一心只读圣贤书的书呆子，而是一位心怀家国的有为青年。他多年的埋头苦读就是为了学成后为祖国效力。归国心切的他没有等到学位的公布就由欧洲转道苏联，辗转回到了朝思暮想的祖国。与他一同到达的还有博士学位证书和哥大“最近十年

①卓如编:《冰心全集》(第二册),第237页—240页。

内最优秀的外国留学生”的证书。

在北京见到爱人后，吴文藻又前往上海拜见冰心的父母。谢葆璋和杨福慈热情地接待了这位远道而来的客人。经过几天的相处，二老对这个质朴、踏实、进取的青年非常满意，爽快地答应了两人的婚事。两天后吴文藻回到江阴把这个喜讯告诉了家人。之后又回到上海，在冰心家中完成了简单的订婚仪式。在家人们的见证下，冰心幸福地戴上了吴文藻送给自己的钻戒，他们的爱情长跑终于在那一刻宣告结束。

归国后的吴文藻本该去清华教课，但因为冰心，他选择了在燕京大学当一名社会学系的讲师，平日去清华兼课。燕大给他们分配了燕南园的一座小楼，还特许他们对内部装修提出自己的意见。吴文藻请木匠在一楼书房的北墙做了一个顶天立地的大书架，又购置了一些半新的书桌、书橱，妥帖地安置好自己的书。之后，便全部交由冰心安排。

6 月 15 日是冰心和吴文藻举行婚礼的日子，当冰心照例出现在班里监考时，同学们都很惊讶。老师来监考本是一件轻松的事情，可是同学们看着冰心，却莫名地紧张起来。

按照约定吴文藻要到女教员宿舍来吃饭，可是已经过了约定的时间依然不见吴文藻的身影。原来急匆匆赶来的吴文藻在避让行人时，连人带车撞到了旁边的树上。当一瘸一拐的吴文藻出现在冰心眼前时，之前等待的焦虑和抱怨都烟消云散了，只剩下担心和庆幸没有发生更严重的事情。这大概就是好事多磨吧。

婚礼在未名湖畔的临湖轩举行，校长司徒雷登担任主持。临湖轩是美国费城的一对夫妇捐赠给校长的住宅，完全按照中国的传统建筑样式修建，这个院落里带有卧房、厨房、餐厅，配套设施非常齐全。14 日的晚上这里灯火通明，司徒雷登宴请了冰心夫妇、伴娘、伴郎以及牧师，提前为明天的婚礼做了一番演习。婚礼当天，临湖轩聚集着两位新人的同事亲友，洋溢着喜庆的气氛。吴文藻穿了一身笔挺的西装，系了一条斜条纹的领带，冰心穿了一件洁白的礼服，头上戴着花冠，手中捧着明丽的花朵，这对新人由伴娘伴郎簇拥着缓缓入场。身披婚纱的冰心比平时更散发出惊人的美。在诸位亲友的见证下，这对新人正式结为夫妻。仪式办得简单、低调，没有喧天的锣鼓、没有张灯结彩，也没有大摆筵席，招待

宾客的蛋糕、咖啡茶点加起来总共花了34元钱。婚礼结束后，送走了亲友，冰心照例去教下午的课，而吴文藻则去主持一个社会学的会议。在这意义非凡的特殊日子里一切都像平日一样。他们的婚礼简单却不失典雅，一时成了燕大的一段佳话。

由于新居还没有竣工，冰心又不愿意去高级宾馆，她便事先找人在大觉寺租了一间空房。两人的新婚之夜便是在西山上的大觉寺中度过的。在大觉寺游玩了两天，冰心和吴文藻因惦记着学校中的事所以提前回到了各自的工作岗位。

暑假时，两人相携回上海和江阴省亲。吴家又在江阴为他们办了一场婚礼，宴请了家乡的亲戚友人。随后他们去杭州西湖、莫干山消夏，因受不了南方的暑热之气又挂心着开学事宜，很快就结束了暑假生活返回北京。令冰心欣喜的是北京的新房终于可以入住了，在这个属于自己的房子里，她可以和自己的爱人一起看看书、养养花，享受两个人相处的甜蜜时光。

为母侍疾

冰心和吴文藻的小家庭刚起步，就遇到了生

命中的第一次波涛。在 12 月的一天中午，吴文藻和冰心回到家中，发现客厅的桌上放着一封来自上海的电报，冰心的心立刻震颤了。她慌忙地拆开电报，只见上面写着“……母亲云，如决回，提前更好”，看到这里她感到眼前一片漆黑。家中母亲病重，与母亲心灵相通的冰心看见电报时就产生了不祥之感。冰心深知父亲的脾气，不到事情极为严重是不会声张的，她想这回一定是母亲的病情非常不乐观了。看冰心非常悲伤，吴文藻极力地安慰着她。

从小冰心是那么依赖和深爱着自己的母亲，现在她只恨自己不能生出翅膀马上飞到母亲身边。她立刻打电话给中国旅行社买船票，谁知要等到 19 日才有舱位，并且条件和环境都很差。冰心马上订了这张票，此刻她已经将自己的一切都置之度外了，她要尽快出现在母亲面前。

冰心揣测着母亲病危情况，不然父亲不会催自己南归。只是在家等待的数日着实难熬，夜里睡觉也时时惊跃而起，白天和丈夫四目相对虽然表面上互相安慰，但心里却体验着惊恐与紧张。终于熬到了 18 日下午，吴文藻护送冰心去天津坐船。外面的天气凄凄惨惨，车窗外飘着薄雪、凛

冽的寒风透过窗户吹进车厢，这时候冰心感到腹痛难忍只好不停喝热水。到站下车时，腹痛的她几乎走不出站台了，他们先在天津的国民饭店歇息了一晚等待着次日乘船。夜里冰心的痛苦加剧了，她不停地呕吐、呻吟。看到妻子受到这样的折磨，吴文藻恨不能替她受尽一切的痛苦，他哽咽地说：“你病得这样，我却不能陪你去，又不能替你预备好舱位，我让你自己在这时单身走……”这番让人心酸的话饱含了一个丈夫无奈的自责和发自内心的爱怜。

开船的时刻到了，吴文藻将妻子在船上的一切都安顿好，大烟囱从屋角穿过，周围是嘈杂的旅客的声音，憋闷的空间里充满了各种难忍的气味。这样的环境更让吴文藻不忍心让冰心一人受苦，心疼地眼泪落到了冰心的脸上。冰心强忍腹痛安慰丈夫说，不妨事。冰心一心牵挂母亲让人感动，患难夫妻的深情也同样感人至深。后来冰心把在海上的 100 多个钟头记录了下来：

> 人气蒸得模糊的窗眼之内，只听得人们的呕吐。饭厅上，茶房连叠声叫“吃饭咧！”以及海客的谈时事声，涕唾声。这一百多钟头之中，我已置心身于度外，不饮不食，只

求能睡，并不敢想到母亲的病状。[①]

当冰心一路风尘仆仆回到家，进门第一句话便是“太太好了吗?”冰心吃尽了旅途中的苦，熬过了迫切想见到母亲的煎熬，终于来到了母亲身边。眼前的母亲骨瘦如柴、脸色发黑，连说话的气力都没有了。接下来的半个月时间里冰心时刻陪伴在母亲身边。虽是尽心尽力、无微不至地照料，但母亲的病实在太重，大家不得不做最坏的准备。

母亲病重时，弟弟为楫在海外留学，家人将这件事瞒得密不透风。直到弟弟去母亲的墓上完成第一次祭拜，冰心才开始整理这段沉重的人生经历。《南归——贡献给母亲在天之灵》以深情的笔触记下了那段压抑、低沉的母亲最后的人生之路。

父亲的生日那天也是两位老人的结婚纪念日。一家人强打着精神想趁着结婚纪念日的由头让母亲感受到生命中的欢乐。重病中，她还催促冰心帮她梳好头发去给丈夫祝寿。冰心看到父亲旁边空出的一把椅子，忍不住潸然泪下。

---

①卓如编:《冰心全集》(第二册),第280页。

1月3日父亲正寿这天，冰心到早市上专门为母亲买了花样丰富的食物。最后的弥留让病榻上的母亲受尽了折磨，儿女们轮番侍奉在床头。最让冰心难以忘怀的是母亲在与生死挣扎的时候还不忘对女儿说："辛苦你了……等我的事情过去了，你好好的睡几夜，那时什么事都完了。"正月初七夜里，母亲离开了人世。父亲当天从早市专为母亲买来了一筐蜜橘，可吃蜜橘的人却已经不在了。

下葬那天，想到再也见不到母亲了，大家商议该取些东西殉葬，于是各人剪下了自己的一小绺头发装进白色信封中。冰心还放进了母亲为自己保存的胎发和燕大奖励她的那枚金钥匙，胎发是直接受之于母亲，金钥匙是受了母亲的栽培凭自己的努力得到的肯定，这两样东西代表了冰心对母亲深深的爱。冰心永远地失去了母亲，就像是一艘船儿找不到港湾，只感到无尽的黑暗与彷徨。在《南归》中冰心写道：

> 窗外是苦雨，窗内是孤灯。写至此觉得四顾彷徨，一片无告的心，没处安放！藻迎面坐着，也在写他的文字。温静沉着者，求你在我们悠悠的生命道上，扶助我，提醒

我，使我能成为一个像母亲那样的人！[1]

善良慈爱的母亲在冰心的成长中一直是她的楷模，这位封建家庭里的大家闺秀与丈夫相爱相携，对子女悉心照顾、精心栽培，她温婉娴静却又独立自强的性格深深地影响了冰心。

小家之乐

料理完母亲的丧事，冰心带着父亲回到了北平。不久，吴文藻的父亲也去世了，吴文藻便把母亲从家乡接到了北平。这时，冰心的二弟为杰升入了燕大，吴文藻的妹妹剑群也到燕大读书，北平的家变得热闹起来。1931 年 2 月，冰心生下了第一个孩子吴宗生（吴平），冰心立志要像自己的母亲那样，给孩子最好的爱。1935 年由林巧稚接生，冰心在协和医院生下了第二个孩子吴宗远（吴冰）。后来冰心接受了《妇女生活》的采访：

当我正在翻阅着桌上的杂志的时候，两个四五岁的孩子从楼上唱唱笑笑地走下来，

---

①卓如编：《冰心全集》（第二册），第 301 页。

> 彼此相逗着，看到我重又退到楼上去，拖了许多玩具下来，我和他们不通姓名地熟识了，由稍大的一个口里知道小的一个是谢先生的孩子，脸上告诉人，他营养很足，一对小亮眼睛不住嬉笑，他四岁。
>
> ……
>
> 这时有一个女仆抱下冰心的五个月的女孩儿来，白白胖胖的。
>
> 把孩子抱在手里，笑着："我们两个孩子全是吃羊奶，这里有一只瑞士羊。你来时我正给她洗澡，一早上就忙着这些事。"
>
> ……在这以前吴先生曾出来一趟，高高瘦瘦的个子，鼻梁上架着玳瑁边眼镜，近来为了燕大社会学系在办清河试验区的农村复兴的尝试很忙着。谢先生跟着孩子叫 Daddy，吴先生则很温婉地带着孩子玩，吃药，叫着："婉莹，电话！"[①]

老舍刚到燕大的时候，是郑振铎介绍给冰心认识的，冰心回头给客人倒水，再一转身看见老舍和宗生头对着头跪在地上找一只布狗熊。当老

---

①范伯群编：《冰心研究资料》，第 98 页。

舍找到狗熊时，小宗生抱着老舍的脸用力地亲了一口，逗得冰心和郑振铎哈哈大笑。

平日里，吴文藻和冰心的好友也会到家里玩。一次，梁实秋和闻一多登门拜访，他们才坐下一会儿又马上起身出去了。过了一会儿买回了一包烟，他们说，屋子的一切布置都不错，就是缺少待客的烟。原来冰心和吴文藻都不抽烟，招待客人也只是用白开水，也许是“君子之交淡如水”吧。刘半农是吴文藻的江阴老乡，也是燕大的教授，他经常到家中找吴文藻探讨学术问题。虽说冰心在文学界已经有了很高的造诣，但对自己丈夫研究的社会学却是一窍不通。吴文藻那“顶天立地”的一面墙的书，冰心更是没有勇气去翻阅。所以当他们讨论起社会学，冰心就开玩笑说：“怪不得都说‘江阴强盗无锡贼’，你们一讨论起打家劫舍就没个完。”刘半农说：“那我送你一枚印章‘压寨夫人’如何?”此语一出，逗得在座的人拍手大笑。

有一次，冰心在一位美国友人的家中看到了黎巴嫩诗人纪伯伦的《先知》，在征得友人同意后，她取下书开始翻看。书中“满含着东方气息的超妙哲理和流利的文辞”深深吸引着她。1930

年3月冰心卧病时又拿出《先知》翻阅了一遍。病中的她感到这本诗集对于生与死、生命与生活、爱情与婚姻的认知非常高妙，便觉得有翻译的必要。于是，冰心在病中着手翻译《先知》，译好一部分就投寄给天津的《益世报》，不过后来因为《益世报》的停办而中断了翻译。1931年冰心随吴文藻回江阴省亲，置办礼物、回请宴席使得并没有多少积蓄的夫妻俩一时间陷入了饥荒。他们除了按月领取自己的薪水，便再无经济来源。无奈之下，冰心想到了新月书店。新月书店掌管财务的张禹九是吴文藻的同学，他派人给冰心送来了500元，冰心决定要送一本翻译的书稿给新月书店。就这样，冰心又重新开始了《先知》的翻译，这次有了一些压力，她不能再像以前那样悠游自在地随性了，便一鼓作气完成了翻译。后来《先知》分甲种、乙种两个版本由新月书店出版，这是国内对纪伯伦作品最早的介绍。

1931年夏天，是冰心创作上的一个高潮。之前被家中事务所累，几乎没有时间和精力写作，也为许久没有拿出作品而懊恼。此时的文坛，左翼作家联盟已在上海成立。左翼作家丁玲为自己主编的刊物《北斗》向冰心约稿，正好给了她一次重新提笔的“压力”。其实冰心与丁玲很早就认识。冰心最怜爱的幺弟为楫自小受到姐姐的影响也对文学产生了兴趣，他经常练练笔、投投稿，还结识了不少文学爱好者，其中就包括沈从文、丁玲和胡也频等人。

在一个夏日的黄昏，冰心同吴文藻乘车进城，沿途他们一起欣赏着天边灿烂的晚霞，冰心不自觉地受到一种力量的感染。她醉心其中后来便创作了诗歌《惊爱如同一阵风》。她把这首诗寄给了向自己索稿的丁玲。

惊爱如同一阵风，
在车中，他指点我看
西边，雨后，深灰色的天空，
有一片晚霞金红！

睡了的是我的诗魂，
再也叫不觉这死寂的朦胧，
我的心好比这深灰色的天空，
这一片晚霞，是一声钟！

这一片晚霞是一声钟，
敲进我死寂的心宫，
千门万户回响，隆——隆，

隆隆的洪响惊醒了我的诗魂。

惊爱如同一阵风，
在车中，他指点我看
西边，雨后，深灰色的天空，
有一片晚霞金红。[1]

大自然的瑰丽景色唤醒了冰心的诗魂。随后她有感于儿子的出生，创作了小说《分》。小说以孩童的眼光描写了新生儿在医院中还是平等的，等出院回家就有了身份、地位的分化这样一种社会现实。这篇小说是冰心创作接续后的一篇佳作，茅盾的《冰心论》给予它很高的评价，认为小说是对严肃的人生的观察。

有一次，冰心路过北平东安市场的书摊被老板推销了一本畅销书，她接过来一看正是自己的作品。但是只有开头的几篇是自己的，后面则不知何人所仿写的，内容还有些低俗。原来这是别人盗用了冰心的名字印的盗版书。对此冰心感到很气愤，这种行为不但损害了自己的名誉，更是对读者的误导和欺骗。冰心拜托书局通过法律途

---

①卓如编:《冰心全集》(第二册),第 302 页。

径来解决，依然无法阻止盗印。最好的办法就是发行一套冰心全集，然而冰心自觉水平还不够发全集的程度，后来是在北新书局的劝说和努力下，冰心的作品全集在 1933 年和读者见面了。全集分为《冰心小说集》《冰心诗集》和《冰心散文集》，1932 年清明节，冰心还专门写了《冰心全集·自序》。除了发行全集，1933 年，她还写作了《我们太太的客厅》《冬儿姑娘》等后来广为人知的小说。

1935—1936 年间，由上海良友图书印刷公司出版发行的《中国新文学大系》系列丛书是对近十年来新文学成果的一个阶段性总结。《中国新文学大系》按照文体的不同对优秀作品进行汇编，每一文体的集子开篇都有一篇导言。冰心的诗歌和散文作为典范被收录丛书，为诗歌和散文集撰写导言的朱自清和郁达夫充分肯定了冰心在新文学写作上所取得的成就和自成一家的审美风格。

有家人朋友陪伴，有文章可写，有书可读，这大概是这位女作家人生中最为幸福的一段时光。

学术伉俪

吴文藻是一位不善辞令、一心埋头学术的学

者。在燕大的时候，教学之余总是沉浸于自己的学术研究，由此也闹过不少“笑话”。

冰心初到美国时为了慰藉父母的想念之情，专门去照相馆拍了两张相片寄给父母。母亲去世后，那张大一点的相片就被吴文藻要走了，他把它嵌进相框里摆放在自己的书桌上。冰心就问：“你真的每天要看一眼呢，还只是一件摆设？”吴文藻回答说：“我当然每天要看了。”一天，冰心趁着丈夫去上课便把自己的相片换成了阮玲玉的，结果好几天丈夫都没有发现。等到冰心忍不住了，告诉他真相时，这位一心沉浸在书海中的学者无奈地说：“你何必开这样的玩笑？”

一个阳光灿烂的春日，冰心和婆婆在屋外赏花，婆婆让冰心把吴文藻从书房中喊出来一起赏花。满脑子都在思考着问题的吴文藻问了一句赏的是什么花。冰心调皮地说：“这是香丁。”他便附和地点了点头说：“呵，香丁。”把在场的人都逗笑了。

以学术为终生志业的吴文藻对于学术的追求几近痴迷的状态。他后来在《自传》中几乎通篇都是讲述自己在哪里进学、读了何种功课、师从哪些老师，提到冰心的只有短短两句，而对子女们更是只字不提。就是这位将学术的严谨也带到了生活中去的先生，在妻子的眼里竟也有几分可爱。

还有一次，夫妻二人要进城去探望父亲，她让吴文藻去给孩子们买些萨其玛，再去布店给父亲买一块双丝葛的夹袍面子。结果孩子们只会说“马”，吴文藻到了稻香村也只会说“马”。到了布店东升祥更是不知道该说什么，好在店员与冰心家相熟便打电话问：“您要买一丈多的羽毛纱做什么?”这便有了傻姑爷的“马”和“羽毛纱”的故事。抗战爆发后，冰心一家迁居到云南呈贡。清华大学校长梅贻琦去冰心家做客。冰心借用宝塔诗来发泄对丈夫的“怨气”和调侃清华的教育：

马
香丁
羽毛纱
样样都差
傻姑爷到家
说起真是笑话
教育原来在清华

结果梅校长巧妙地续上两句诗扳回局面：

冰心女士眼力不佳 书呆子怎配得交际花[1]

玩笑归玩笑，平日里这对学术伉俪相互扶持，冰心也陪着丈夫走过了许多地方去过了许多国家进行考察。燕园执教的十年，大环境相对比较稳定，小家庭的生活也算舒适，这十年是吴文藻潜心研究、冰心享受文化滋养的黄金时期。

1934 年，应平绥铁路局局长沈昌的邀请，冰心、顾颉刚、郑振铎、吴文藻、陈其田、雷洁琼等人组成了“平绥沿线旅行团”。此行的同伴彼此相识，各有所长，顾颉刚根据每人的特点分派了不同的考察任务，冰心负责将沿途风光写成游记。

旅行团得以成行有着重要的社会背景，冰心后来大致总结了四点。首先，当时东北失守国人开始注重边防，西北的物产、资源就变成最有待开发和利用的了；其次，在中国较早的铁路中只有平绥线是中国人自己、勘测、设计和经营的，具有非凡的意义；第三，平绥线横跨长城内外，沿途城邑有不同的风俗习惯和文化背景，非常具

---

①卓如编:《冰心全集》(第六册)，第 309 页。

有学术考察的价值；最后，沿途自然风景各有其美，可以感知国家之壮美。就这样，一行人自7月7日出发，8月25日原途返回，历时6周左右完成了对平绥铁路沿途的考察。他们经青龙桥观瞻了京张铁路的设计师詹天佑的青铜像；在大同游览了著名的梵寺——华严寺；跟着煤矿工人一起穿着蓝布套衣下到矿下；还受到了爱国将领傅作义的接待。这一次考察为学者们提供了研究的现实样本，开拓了他们的眼界，尤其是与矿工的接触使学者们感到了劳动者的不易。1935年初，冰心将这次旅途的见闻按照行程时间写成了《平绥沿线旅行记》。同时她收集了同伴们写成的小册子一并交给平绥铁路局，1935年2月作为平绥铁路旅行读物出版了。

在旅途中，冰心得知了好友刘半农因病去世的噩耗，非常痛心。刘半农去西北调查地方方言，不幸染病。回到北平后因治疗无效在协和医院去世。刘半农不仅是吴文藻的老乡，更是一位新文化运动的战士。冰心很早就读过他的《我之文学改良观》《诗与小说精神上之革新》等文章，对他所提出的观点非常赞同，打心里敬重他。刘半农去世的消息让冰心难以接受。记得这位好友

生前说过“爱水”的话，冰心便登上山巅凝望着山谷中的流水，托流水带去自己的哀思。

按照燕大的规定，教授授课时间满 7 年后可以有 1 年的休假。1936 年，吴文藻教书满 7 年，又恰逢他获得了洛克菲勒基金会的科研基金，他打算借此机会去国外考察 1 年，冰心决定跟随丈夫一起出国。

一路上，吴文藻对冰心照顾有加，还对冰心畅谈了此次国外考察的目的。他此行只有一个目的，就是了解和学习国外这一领先的学科，与国外的学者们加强学术联系，以便利自己的学生。他们到的第一个国家是日本。第一站是东京，吴文藻拜访了汉学家鸟居龙藏先生，第二站是横滨，参加了一场学术会议。第二个国家便是他们曾经留学的美国，他们代表燕大参加哈佛大学的三百周年庆典。在庆典上，吴文藻认识了许多专家学者，相谈甚欢。吴文藻请他们日后去燕大讲学和帮助培养研究生。后来吴文藻推荐自己的得意门生林耀华到哈佛大学人类学系深造。林耀华获得博士学位后回国，在四川凉山等地进行实地调查，取得了具有国际影响力的研究成果。

哈佛的行程结束之时，一位接待人员询问冰

心和吴文藻对哈佛有哪些意见和建议。冰心便把自己曾被哈佛“欺负”的事说了出来。

原来当初写硕士毕业论文时，冰心要查的资料本校没有，而这些资料只有哈佛有。于是她便去哈佛查阅资料，当时的哈佛是一所保守的高校，不但不招收女学生而且不准女生进入图书馆。后来在好友陈岱的帮助下，冰心才得以接触到哈佛馆藏的资料。当时作为研究生的陈岱有一间带有书桌的小隔间，他便让冰心在小隔间等着，自己去图书馆借书，然后冰心便在小房间里阅读。如今重返哈佛，冰心便把自己当年受的“委屈”当作意见提出了。

接待人员很不好意思地连声道歉，并说随时欢迎冰心去图书馆读书。冰心笑着说：“谢谢你的好意，现在，你们请我，我也不去了。”

来到美国，冰心迫切要回母校威尔斯利女子大学看望以前的师友。她给老师们送上了中国的绣花手巾、台布等传统工艺品作为礼物。校方也在最大的女生宿舍“塔院”设宴招待了远道而来的客人。

美国之行告一段落，他们又登上了新造的玛利亚皇后号轮船，横渡大西洋去往欧洲大陆。在

航行中，他们经历了罕见的大风浪，巨浪拍打着船身，轮船在大风中摇摇晃晃。乘客们都躲进了船舱，只有冰心和吴文藻还安然地在外面行走，连船员都称赞这两位乘客的淡定和勇气。终于轮船抵达了大不列颠岛东南部的伦敦。

吴文藻按照约定去伦敦大学拜访了马凌诺斯基教授。马凌诺斯基教授是英国功能学派的创始人，吴文藻想到燕大社会学系优秀学生费孝通已经考入了伦敦经济学院人类学系，便请教授做费孝通的导师。教授答应了，还请吴文藻加入自己主持的人类学研究班。临别时，马凌诺斯基教授还把尚未发表的《文化论》的打印稿送给吴文藻。

随后吴文藻和冰心参观了大英博物馆，拜访了英国女作家弗吉尼亚·伍尔夫，并受邀去女作家的家中喝茶，在颇具文学气息的客厅里，他们畅谈着伦敦的雾、中国的文学发展和两国的社会问题。

之后他们又途经瑞士来到了法国。驻法大使馆的刘汀业前往火车站迎接吴文藻和冰心。刘汀业的父亲是五四运动时期义务为爱国学生辩护的律师刘崇佑。按照冰心的要求，刘汀业提前两周便开始找房子。在驻法大使顾维钧的提醒下，刘汀业在贵族区找到了一处符合冰心要求的房子，房东是贵族遗裔。在刘汀业的介绍下，冰心夫妇与这位白发老妇人德利莎见了面。德利莎是个颇有名气的小说家，她对房客的要求非常严苛，以至于房子时常空着。

一到巴黎，吴文藻就急不可耐地前往巴黎大学访问法国社会学年刊派创始人的后继者——莫斯教授。在莫斯教授的引见下，吴文藻还认识了许多社会学学者。在巴黎期间，他接触的新资料、与教授们的谈话等都给他带来了学术灵感，于是兴奋地增编了他的《西洋社会思想史》讲义。增编工作一结束，他又想去英国牛津大学，就导师制的做法取取经。此时冰心已经有孕在身，吴文藻只好安顿好妻子，一人前往英国。

独自一人逗留在法国的冰心游览了罗浮宫，那一件件珍藏的展品让她心醉神迷。有时候，她来到罗浮宫，坐在台阶上看着大圆花坛上生机盎然的各种花花草草。黄昏时分，冰心就去巴黎最著名的香榭丽舍大街，坐在街旁的咖啡店喝一杯咖啡，看着往来的行人和车辆。这段时间，冰心和房东结下了深厚的友谊。当她离开法国时，这位老妇人还亲自送他们到车站，并且精心准备了一个篮子，里面盛放着午餐和酒，还有一本英文小说。当德利莎得知日本帝国主义发动卢沟桥事变，北平沦陷后，她专门致信冰心关心她的现状：听说北平受到轰炸，我无时不在关心着你和你的一家人的安全！振奋起来吧，一个高贵的民族，终究是要抬头的。有机会请让我知道你平安的消息。

离开了友好又浪漫的法国，他们又去了德国。当时德国已经建立了法西斯专政，犹太人受到歧视和迫害。为了表明对种族歧视的不满，吴文藻和冰心在柏林大学时专门拜访了一位犹太裔的社会学教授。随后，他们又访问了苏联。从列宁格勒到莫斯科，他们参观了克里姆林宫建筑群，拜谒了列宁墓……冰心还会见了几位苏联女作家。

1937 年 6 月 29 日，夫妇俩途经新西伯利亚，进入东北三省回国。到达北平车站时，许多家人已经在站台等候了。冰心和吴文藻的出国考察结束了，他们收获颇丰，吴文藻更是为推动祖国社会学的进展做出了巨大的贡献。1937 年 7 月 7 日，日本帝国主义发动了七七事变，开始了全面侵华战争。北平沦陷，各主要高校迁往大后方，偌大的中国再也容不下一张平静的书桌。

第六章
携儿挈女西南漂泊

再见北平

1937 年 7 月 7 日晚，日军在卢沟桥附近进行军事演习，借口一名日本军人“失踪”，要进入宛平县搜查。驻守宛平县的国民党第 29 军 37 师吉星文部拒绝了这一无理要求。日军遂包围了宛平县城，并发起了进攻。

1937 年 7 月 28 日凌晨，16 架日机在燕园附近的西苑兵营低空飞行，投下 32 颗炸弹。是夜，隆隆的巨响惊醒了燕园所有的梦中人。最让人气愤的是几天后，29 军宋哲元部弃城而逃，北平城彻底沦入敌手。

北大、清华的师生纷纷撤离北平，一部分师生选择先去长沙，由清华、北大、南开三所学校组成长沙临时大学，在大后方坚持开展教学活动。冰心有孕在身很难承受长途颠簸。燕大校长司徒雷登以美国做后盾暂时保障了学校师生的安全，坚持正常招生、教学事宜。经过慎重考虑后，吴文藻决定等冰心生产后再做进一步打算。

一天夜里，冰心的家里来了两位访客，他们是吴文藻的学生，是来向老师告别的，迫于当前的形势他们不得不中止学业到祖国的后方贡献自己的力量。同时，他们请求冰心帮忙想法子让他们避开日军的搜查到达指定的地点。于是冰心怀着沉重的心情找到了司徒雷登校长，恳请他将这两位学生送走。在冰心的帮助下，这两位学生成功脱离了日本人的虎口。

当时，燕大成了爱国师生抗日救国的“秘密场所”。司徒雷登校长禁止学生们利用燕大的便利开展抗日活动，所以师生们只好利用晚上的时间开展工作。平西游击队通过爱国师生募捐，获取药品、衣物等必需品。负责取东西的学生代号“小猫”，他们半夜到教授们家门前将物品收集起来。半夜时分，冰心就和家中的富奶奶紧张地守候在门口。听到有动静，确定是“小猫”来了，才打开门把物品交给他们。在日伪统治下的北平，到处都插日本人的太阳旗。保定陷落时，日本人强迫中小学生上街“庆祝”。看到这样的场景，冰心为国家和民族痛心。

1937 年 11 月 9 日，冰心住在协和医院待产。为她接生的还是林巧稚，这位昔日的好友如今凭借高超的医术成了主任医师。冰心生下了她第二个女儿吴宗黎（吴青）。

1938 年，虽然家中新添了女儿吴宗黎，但是燕园的春依旧灰蒙蒙，北平的天空也是阴郁的，冰心的小家也没有了往昔的欢乐。吴文藻经过深思熟虑决定离开北平去大后方。他着手联系了清华的同学，在云南大学找到了一份差事。于是夫妇二人决定过完这个学期就动身去云南。

做好决定后，冰心就开始收拾家中的东西，吴文藻照例把这一切都交给夫人，自己还是如往常一般备课、讲课。当司徒雷登听说燕大社会学系的“掌门人”要离去，便上门劝说吴文藻留在北平。但是吴文藻的态度很坚决，如果不能去后方为祖国和人民的抗战尽些心力，他在这日伪统治下的北平是一日也待不下了。就要离开这个苦心经营了十几年的小家，冰心的内心有些不舍。精致的瓷器、红木家具、满屋的书籍杂志，还有

各种各样的生活用品都成了不得不舍弃的负担了。对于这些家具和生活用品能卖的卖能送的送，冰心最割舍不下的便是那些宝贝书籍。她整理了吴文藻 20 年来的日记、自己留美 3 年的日记以及二人往来的信件，请前来帮忙的学生们整理好装了满满一书箱。此外还有父亲写给母亲的信件、读者的来信，冰心都郑重地一一登记、装箱。还有那些冰心敬重的作家鲁迅、茅盾、老舍、巴金、伍尔夫等送给她的签名书，她和吴文藻收集来的善本书籍、贵重的纪念品等，她都极为珍重地做好登记再装入书箱。吴文藻和冰心带领着几名学生进行着这项浩大的工作，就这样，他们一共整理了满满 15 箱的书。吴文藻 15 年来写就的教材和笔记就装满了几十个布匣。对于这些带不走的“累赘”，夫妻二人只能忍痛留在北平，把它们贴好封条寄放在燕大课堂的阁楼上，希望将来某一天再来把它们取走。然而令人惋惜的是，1947 年当冰心回到北平后，发现这些“至宝”早已不见了踪影。

行期将近，冰心向父亲告别，垂垂老矣的父亲身上早已见不到当年作为海军军官的英气和威武。知道女儿一家即将远行，年迈的老父亲还不忘叮嘱子女注意保重身体。他燃起一炷香郑重地插在逝去的妻子杨福慈的遗像前，让亡妻的在天之灵护佑着自己的孩子。尽管心中一万个不忍离别，冰心这次终是要远离老父亲南下了。

平日里冰心家中的帮佣富奶奶一直尽心尽力地照看这个小家庭，这次临走前冰心也不忘给她安置一个妥帖的去处。她为富奶奶在一家美国教授家推荐了工作，谁知当冰心把这一打算告诉富奶奶时，富奶奶只是说："您一个人带 3 个孩子走，我不放心，我送您到香港再回来吧。"这几年的生活，多亏了有富奶奶的悉心照顾。大儿子宗生的小衣服都是富奶奶一针一线缝制的，而且样式也雅致，穿在宗生身上引得别人直夸。不但针线活做得好，孩子们的饮食也被富奶奶调理得很周全，富奶奶更像是这个家中不可或缺的成员，冰心也拿她当亲人看待。正是这样的感情，才会有分别这天的相互挂心。富奶奶的丈夫是清华的校警，她生了 6 个孩子都夭亡了，如今只有一个女儿。冰心想到富奶奶在这兵荒马乱、炮火连天的时候护送自己一家去香港，心中对淳朴无私的富奶奶充满了无限感激。

冰心一家从北平先乘火车到天津，再坐轮船

去上海，将吴文藻的母亲安顿在妹妹家，然后经香港转道越南最终抵达云南。不管怎样的旅途艰辛和舟车劳顿，让人欣慰的是冰心一家终于来到了祖国的大后方——云南昆明。

家在昆明

到达昆明后，在旅馆中暂时安顿下来的冰心和吴文藻累得连抬眼皮的力气都没有。突然 8 个月大的小女儿拍着手咯咯地笑了起来，这时夫妻俩才看见桌上的那一瓶猩红色的杜鹃花，这给连日来精神紧张的夫妻带来了心灵的抚慰。富奶奶一路护送着冰心一家到了昆明，途经香港的时候，表哥刘放园还托冰心把他的大女儿瑞雯带到内地，就这样富奶奶有了瑞雯做伴，两人相处得非常融洽。安顿好之后，冰心托人把富奶奶的老伴黄志廷接到昆明，并替他在美国领事馆谋了一份差。

华北沦陷后，清华、北大、南开三所高校迁到内地，在昆明成立西南联大。这一时期的昆明可谓人才济济，英才荟萃。吴文藻在云南大学任职，建立起了社会学系。同时，他还受燕京大学之托，成立了燕大和云大合作的“实地调查工作站”，对云南的少数民族进行调查研究。

冰心在云南的第一个家位于螺峰街。螺峰街附近有一个近日楼，是昆明比较繁华的街道。近日楼的附近有一个花市，清早开市陈列着五颜六色各种各样的花卉，除了常见的茶花、菊花、杜鹃花，还有许多冰心从未见过的热带花卉。这些花开得娇艳且价格低廉，冰心经常到这里来买花。她捧着买好的花笑盈盈地走回家，刚到门口就呼吴文藻来帮自己拿那一大捧鲜花。吴文藻这时候也会放下手中的书，和太太一起分享布置房间的美好时光。

尽管昆明舒适宜人的气候和晴朗的天气缓解了冰心心头的忧虑，但是大后方的夫妻二人也无时不思念着北平的家园，担忧着国家未来的命运。最让吴文藻耿耿于怀的并不是个人生活的好坏，而是社会学这一学科因为时局的动荡又不知要迟滞几年的发展了。

抗战局势日益严峻，日军的炮火袭到了祖国的大后方，昆明频频遭到日机的轰炸。市民们常常去郊区躲避空难，西南联大和云南大学的许多教授不得不纷纷疏散到郊区。1939 年，冰心一家也搬到了呈贡。初到呈贡，冰心一家借住在一个农户家。呈贡濒临滇池，风景秀丽，物产丰富。

冰心夫妇跟随农人一起去滇池捉鱼，采摘果园里的果子，在战火纷飞的年代也能偶得来之不易的闲情逸致。后来，他们又把家搬到了文庙。西南联大的戴世光教授专门书写了一副对联“半间东倒西歪屋，一个千锤百炼人”来给他们接风。从这副对联中足见知识分子们饱尝艰辛却风骨犹在的精神面貌。

冰心被呈贡中学校长请到学校兼课，为了给她一个更好的写作环境，在与当地士绅们协商后，校长让冰心搬进“华氏墓庐”居住。这座小院本是守墓的房屋，但是在人人都躲避战火的年代，能有这样一处清静的小院居住冰心已经感到十分满足了。她取谐音给这座祠堂式的新家命名为“默庐”。

由于吴文藻在昆明教书，所以冰心带着孩子和丈夫两地分居。冰心完全就是一个家庭主妇，每天的生活就是在柴米油盐和照看孩子中度过。她曾经在《默庐试笔》中记述：

> 我最爱早起在林中携书独坐，淡云来往，秋阳暖背，爽风拂面，这里清极静极，绝无人迹，只两个小女儿，穿着橘黄水红的绒衣，在广场上游戏奔走，使眼前宇宙，显

得十分流动，鲜明。[1]

这一时期对于冰心和孩子们来说最幸福的时刻莫过于等待着吴文藻周末回家了。每到周末吴文藻下了课便匆匆往家赶，从昆明到呈贡的交通并不便利，需先搭乘火车再换成骑马。周末的傍晚，冰心和孩子们便早早地在外面等待着迎接爸爸回家。一听到远处传来的马蹄声，孩子们便知是爸爸回来了。经常跟随吴文藻回家的还有没有家眷的罗常培。他很早就与吴文藻相熟，便跟吴文藻一起回家消磨周末时光。调皮的孩子们会冲着马蹄声传来的地方齐声喊："来将通名。"这时候传来罗常培的大嗓门："吾乃北平罗常培是也。"孩子们听了就兴奋地拍手欢呼起来。

冰心一家还在昆明城内时，罗常培就常去冰心家做客。作为北京人，他对冰心家的饺子、烙饼、炸酱面这些北方风味的食物很感兴趣。冰心一家也常去柿花巷罗常培的住所走动，与罗同住的还有西南联大的教授郑天挺和杨振声，这三位没有家眷的人自称"三剑客"。罗常培跟冰心家中大大小小的人都能玩到一起。有时候，富奶奶

①卓如编:《冰心全集》(第一册),第485页。

忙着做饭没有工夫与纠缠着她的小孩子周旋，这时候罗常培就会“挺身相助”，对着孩子们说：“来，来，罗奶奶带你们到山上玩去！”直到冰心的几个孩子长大了，一提到罗伯伯，他们还是会亲切地叫他“罗奶奶”。

这时的“默庐”真可谓谈笑有鸿儒，往来无白丁，梅贻琦、陈达、沈从文、费孝通、孙福熙等都是这里的常客。冰心的“默庐”地处优越的地理位置，在这里观景冰心自称“爽然没有遗憾”。出门南向，向西可见昆明西山，向北则是三台寺。走到山坡的尽头有一处平台，平台上有石墩和石块可供人坐卧，周围还有松柏环绕。于石台处下望，城中的美景尽收眼底。友人们来了就喜欢坐在平台上，或者纵横坐卧于树荫下的草坡上，谈笑风生、饱览美景，往往不到饭点都不肯回来。这些老朋友聚在一起时常忆起北平的种种好，北平香山的红叶、故宫和北海，还有那冰糖葫芦、烤鸭、涮羊肉无一不想无一不念。只是他们要把这想念压抑在心底，化悲痛为力量在大后方与千千万万的同胞们坚定抗日。

身处后方的教授虽然过着物质贫乏的苦日子，但是他们在学校时勉励学生发愤图强，下课后心系时局动态、民族命运，他们甘于清贫、苦中作乐，于战火中指点江山激扬文字，为后世留下了难忘的大师图景。

1940年，进入到最为艰难的时期。昆明的情况也非常堪忧，敌军轰炸机一次次地掠过城市上空，市民们躲避警报的次数也越来越频繁。学校里正常的教学秩序也难以维系，吴文藻负责的讲座受到干扰不得不中止。此种困顿的局面，让一心建设社会学这一学科的吴文藻感到壮志难酬。这时，他在清华时的同学邀请他去重庆国防最高委员会当参事，主要负责研究边疆的民族宗教和教育问题。吴文藻又看到了社会学研究的希望，便欣然应允。与此同时，冰心也收到了宋美龄以威尔斯利女子大学校友的身份发出的邀请信，邀请冰心去重庆参与妇女指导委员会的工作。就这样，冰心跟随丈夫带着子女乘坐飞机前往重庆。

歌乐山上

抗日战争爆发后，日本帝国主义将侵略的战火直逼首都南京，面对紧急形势，国民政府做出了迁都重庆的决定。一时间各界名流、军政要员等迅速会集重庆。

飞机抵达重庆时，好友顾一樵前来迎接远客。多年不见的老朋友显得憔悴了不少，但是骨子里昂扬的精神却依旧不减当年。一到重庆，冰心就投入到新工作中。她在妇女指导委员会教导妇女们如何生活、如何提高自己的品位。这是响应蒋介石发起的以“礼义廉耻”为宗旨的“新生活运动”的一部分，本来是一件帮助妇女提高自身、提升民族自尊心的好事，但是由于国民政府自身存在的问题太多，加上复杂的人事纠缠，这件工作被口号化、表面化了，根本起不到实质性的作用。尽管冰心对待工作尽心尽力，但与她一心报国的初衷相去太远。正当冰心动摇不定之际，“皖南事变”爆发了。外敌当前，不御外侮，却同室操戈，呜呼哀哉！这件事让冰心和吴文藻对国民党政府产生了怀疑和失望之情。

最终，冰心辞去了妇女指导委员会的工作。为了不再受当局的影响，也为了躲避日军的空袭，吴文藻和冰心将家搬到重庆郊外的歌乐山。他们在歌乐山买下了一所房屋，这是一个没有围墙的土屋，窗户很小，室内的光线很差，生活条件极为艰苦。但是由于这里远离市区、交通不便，少有人打扰，冰心很喜欢这清幽的环境，给自己的小屋取名“潜庐”。“潜庐”中有一间小室，算是冰心的书房，她给这小房间的向东的窗户取名“立构小窗”，她在这里写下了《立构小窗随笔》，记录了新家的风貌：

潜庐只是歌乐山腰，向东的一座土房，大小只有六间屋子，外面看去四四方方的，毫无风趣可言！倒是屋子四围那几十棵松树，三年来拔高了四五尺，把房子完全遮起，无冬无夏，都是浓荫逼人。房子左右，有云顶兔子二山当窗对峙，无论从哪一处外望，都有峰峦起伏之胜。房子东面松树下便是山坡，有小小的一块空地，站在那里看下去，便如同在飞机里下视一般，嘉陵江蜿蜒如带，沙磁区各学校建筑，都排列在眼前。隔江是重庆，重庆山外是南岸的山，真是“蜀江水碧蜀山青”，重庆又常常阴雨，淡雾之中，碧的更碧，青的更青，比起北方山水，又另是一番景色。[①]

①卓如编:《冰心全集》(第三册),第 38 页。

重庆多山，爬坡过坎对于生活在这里的人来说是家常便饭。这就给初到此地的冰心一种拥挤、忙乱的印象。再加上日机轰炸后的断壁残垣，一起挤压在冰心的心里，以至梦中都是这些内容：

> 去年的一个春夜，我梦见在一条白石层阶上慢慢地往上走，两旁是白松和翠竹，梦中自己觉得是在爬北平西山碧云寺的台阶，走到台阶转折处，忽然天崩地陷的一声巨响，四周的松针竹叶都飞舞起来，阶旁的白石栏杆，也都倾斜摧折。自上面涌下一大片火水，烘烘的在层阶上奔流燃烧。①

吴文藻因工作寄宿在顾一樵家，周末才能回家，所以在歌乐山只是冰心一人照顾着 3 个孩子。这时的生活因战时供给紧张，已远不如呈贡时期那般悠游自在，整个家庭的重担都落到了冰心的肩头。冰心就在自家周围的空地种上瓜菜之类的以弥补食物的缺欠，有一年，冰心一家只是吃南瓜下饭就吃了足足 3 个月。孩子们去上学了，家

---

①卓如编:《冰心全集》(第三册),第 44 页。

中就冷清得再无声响，冰心记账、淘米、洗菜、缝衣裳、补袜子，像个全职的“家庭主妇”，难得有时间写文章。她和丈夫两个人的薪水加在一起，每月的生活费依然亏空，虽不至于饿肚子，却只有稀饭充饥。

在中华全国文艺界抗敌协会举行的茶话会上冰心认识了巴金。随着交往的增多，两人渐渐熟悉起来。听说冰心的生活非常拮据，巴金提议，将冰心的作品结集出版，以补贴家用。于是冰心便委托巴金处理相关事宜，巴金把北新书局出版的《冰心全集》选编了3册，由开明书店再次刊行。吴文藻的一位老同学主持《星期评论》，当他得知冰心在歌乐山时，便亲自登门向冰心约稿。此时年关将近，手头紧迫的冰心被生活所逼，只好答应为《星期评论》写稿。冰心写了一篇《我最尊敬体贴她们》的文章，以“男士”的笔名发表在《星期评论》第8期上。

冰心从1940年写了第一篇后，便手滑了一直写到了《星期评论》停刊，一共写了9篇《关于女人》的文章，分别是《我最尊敬体贴她们》《我的择偶条件》《我的母亲》《我的教师》《叫我老头子的弟妇》《请我自己想法子的弟妇》《使我

心疼头疼的弟妇》《我的奶娘》《我的同班》。作品发表后受到读者的欢迎和文艺界的好评。1943年春，天地出版社委托冰心的一位女学生转述了想要出版单行本《关于女人》的意愿，冰心便答应了。孰料，冰心却生病了。单行本的上半本已排好了版，只等下半本的内容了，冰心便拖着初愈的身子继续写了后半部 7 篇文章：《我的同学》《我的朋友的太太》《我的学生》《我的房东》《我的邻居》《张嫂》和《我的朋友的母亲》。冰心的《关于女人》系列与之前的风格不一样，这一次她故意以“男士”做笔名，说了一些关于女性的调皮话，因此这一系列作品在冰心的写作中呈现出独特的艺术魅力。叶圣陶评价说，在《关于女人》中，冰心的风格由柔细清丽转向了苍劲朴茂。

1942 年，吴文藻因为积劳成疾患上了肺炎，不得不住进歌乐山下的“中央医院”。治疗了一个多月时间，依然不见起色。医生告诉冰心，肺炎病患者一般都有一个转折期，一周左右的时间为期限，转折期过了才能知道病人接下来的吉凶。冰心每天焦急地守候在丈夫的病床边，吴文藻持续高烧 13 天之久，在这一天天的等待中，冰心别提有多焦灼、难熬，每一天都过得提心吊胆。

一天，护士为吴文藻量脉搏时发现他一分钟只跳 36 下，这可急坏了冰心，赶忙跑出去叫大夫。神经紧绷的冰心走路时双脚发抖，和医生一起来到病房，见吴文藻盖的被子掀过来了，床边站满了医生和护士。冰心的心一沉，以为丈夫“完”了。谁知，吴文藻翻了个身长吁一口气，护士和医生都高兴地说，转折点终于来了。冰心擦着脸上的汗说：“你们辛苦了！他就是这么一个人，什么都慢！”好在有惊无险，冰心的心也终于可以放到肚子里了。

那时候，冰心作为“社会贤达”在参政会挂名参政员，每月的“工资”是一担白米。一家人的生活本就捉襟见肘，那时候还没有公费医疗，在医院中多待一天便多一天的开销，没办法冰心只好把吴文藻接回家中休养。此时，正是抗日战争最艰苦的阶段，各种物资稀缺，更别提营养品了，幸亏吴文藻的亲戚送来了一只鸡和两个广柑给病人滋补身体。

这一个月的时间，冰心连大人都照看不过来，对于孩子们更是无暇关心了。在那条件艰苦的时候，只好连累着孩子们也跟着自己受委屈了。一天，小女儿穿着一身浅黄色衣裙，头上扎

着黄色缎带，爬到父亲的枕边，吴文藻脸上露出了一丝笑容，这是他自从病后从未有过的笑容。

吴文藻生病期间，家中的一切多亏了富奶奶一手打理。不久，冰心又生了一场大病，时常吐血，卧床不起。那些贫病交加的日子不知给富奶奶无形中增添了多少负担。那时的她年事已高，体力渐渐不支，要时常坐在床上歇息。一年冬天，吴平从沙坪坝南开中学放学回家，正赶上下大雨，棉裤湿了半截。富奶奶心疼地让他脱下棉裤在被窝里取暖。那晚，她用冰心的旧裤子做面子、用面粉袋的白布做里子，连夜赶出了一条新棉裤给吴平换上。富奶奶还对吴平说：“你妈也真是，有钱供人上大学，自己的儿子连条替换的棉裤、毛裤都没有！”原来，冰心搬家到重庆后，富奶奶的女儿也由冰心的朋友带到重庆，冰心就送她去复旦大学读书，一切费用都由冰心承担。正是这一家人，在风雨飘摇的冻屋中相依相守，温暖了歌乐山的冬天。

1943 年，吴文藻病愈没多久，又开始忙碌起来。这一年，他先后参加了“中国访问印度教育代表团”和“西北建设考察团”，考察了国内外许多地区。“西北建设考察团”是国民党政府中央设计局组织的，吴文藻在调查了以新疆为主的大西北之后提出了自己的意见。但是他的建议并没有被当局重视，这让吴文藻感到既气愤又无可奈何。为了表示抗议，他拒绝写这次考察的调查报告。

除了《关于女人》，冰心又续写了中断十几年的《寄小读者》。从 1942 年 12 月 12 日到 1944 年 12 月 1 日，冰心断断续续地写就了《再寄小读者》4 篇。与最初写《寄小读者》时不同，冰心已经由少女变成了母亲，有了更多的人生阅历要向可爱的小读者们倾吐，依然是关于母亲与爱的诉说。

1938 年，梁实秋也来到重庆，他和好友吴静超合资在青木关至北碚区的一条公路北侧的山坡上购置了一所房子。为了便利邮差送信，梁实秋还给它取名为“雅舍”。在这里，他写出了最能代表其散文风格的《雅舍小品》。渐渐地雅舍的名气大了起来，经常有好友前来聚会，冰心和吴文藻也是这里的常客。有一次恰逢梁实秋生日，冰心亲自书写了一幅字为他祝寿。梁实秋非常珍视这幅字，后来旅居各地都带在身边直至去世。

在冰心家的访客中，最有意思的非老舍莫

属。每次老舍都要带点零食给孩子们，或是一包瓜子或是一包花生米，隔着老远他就开始喊：“有馒头吗？有茶吗？客人来喽——！”孩子们闻听老舍来了，就欢快地跑上去把他团团围住。冰心平日里管孩子比较严格，吃花生或者铁蚕豆都是按颗数给的。老舍一来便解放了孩子们，说今天吃花生不数数随便吃。老舍很爱跟孩子们在一起玩，打听他们学校里发生的事情啊、给他们讲故事啊，关心他们的猫猫狗狗啊，所以孩子们对这位舒伯伯也是最亲的。老舍还经常给孩子们写信，还会画上画，很受孩子们欢迎。那时，冰心的大儿子吴平和二女儿吴冰已经开始自己读小说了，他们读了老舍的小说后就很好奇地问：“舒伯伯，您书里的好人，为什么总是姓李呢?”老舍就故意逗他们说：“我就是喜欢姓李的！——你们要是都做好孩子，下次我再写书，书里的好人就姓吴了！”因为老舍太惹孩子们喜爱，所以每次都被孩子们缠住而没时间和大人们谈正事了，冰心就嘱咐他以后再来要挑孩子们上学的时间。

有一年夏天，老舍陪同郭沫若、冯乃超上山拜访冰心。他们在歌乐山上俯视嘉陵江的涛涛江水，畅谈国家的前途和命运、社会和文学的问题。后来，郭沫若给冰心写了一个条幅，上书五律一首由老舍代为转赠。五律诗曰：

怪道新词少，病依江上楼。
碧帘锁烟霭，红烛映清流。
婉婉唱随乐，殷殷家国忧。
微怜松石瘦，贞静立山头。[①]

抗战胜利

1945 年 8 月 15 日，日本天皇宣布无条件投降。重庆沸腾了，整个中国都沸腾了。经历了艰苦的奋战，正义的一方终于取得了胜利。重庆的大街小巷挤满了庆贺的人群，人们欢呼、敲锣打鼓、放鞭炮，沉浸在这来之不易的喜悦中。

虽然苦尽甘来，冰心的内心是喜悦的，但她并没有像其他人一样疯狂地庆祝，回想起 8 年来因为战争而流离失所的日子，想到了在沦陷的北平城中孤独去世的父亲，想到了在战争时期贫病交加而早逝的大弟为涵，进而她想到了千千万万在这场战争中牺牲的战士和无辜丧命的百姓……

①卓如编：《冰心全集》（第五册），第 393 页。

他们都没有熬到胜利的这一天，生命之火便熄灭在了那昏暗的苍穹下。沉重的思绪过后，冰心迫不及待地想要回到北平那别离了7年的家。

日本投降后，由中、英、美、苏四国共管。吴文藻的同学朱世明被中国政府委任为中国驻日军事代表团团长，朱世明邀请吴文藻担任代表团的政治组长，同时兼任盟国对日委员会中国代表顾问。此时，冰心和吴文藻已经辗转到了南京，正打算一起北上，继续被中断的教育事业。突然收到这个邀请，对于视学术为生命的吴文藻而言，无疑是一次考察战后日本社会的大好机会，于是他欣然接受了邀请。但吴文藻自觉一介书生不适合当什么政治组长，最后在朱世明的百般劝说下，才最终同意任职。

吴文藻留在南京处理后续事务，冰心则先行北上，安顿家事。宗生和宗远已经自立可以照顾自己，冰心就把他们托付给大弟媳寄养，自己则带着最小的女儿宗黎赴日和吴文藻会合。

回到北平，冰心来到燕大，学校的外观还保持着昔日的风采，园中湖水荡漾，草木葱茏。当她来到燕南园曾经充满着欢笑的小宅院，却发现满目败落。昔日搭建的紫藤花架子，栽种的红月季与白玫瑰已荡然无存。通过工友之口得知，他们走后自家的房子就成了日本宪兵的驻所，吴文藻的书室变成了拷问教授们的场所。冰心来不及感伤，她心里一直惦记着那寄存在阁楼上的书箱。她走上阁楼哪里还有书箱，只有空空的四面墙壁。眼前的景象对于冰心是个天大的打击，她强撑着从阁楼上走下来，心里空落落的不知所措。那是她无比珍视的书信、好友的赠书，还有苦苦搜集来的藏书，如今连下落都不知更别说去哪里找寻了。

在北平安置妥当后，冰心就带着小女儿宗黎返回南京。此时的吴文藻已先期去了日本，冰心等待着出国的行期，赴日与丈夫团聚。在南京等待的几日，因为行期迟迟未定，所以冰心过了一段无忧无虑的日子。她寄宿在二弟为杰的岳父家，附近住着冰心的许多好友。冰心将在此居住的时光写成了《无家乐》，说明她得以放松的心态。

冰心每天为了访友能把颐和路踩个七八回，她打趣说："将来南京市府要返修颐和路的时候，我要付相当的修理费，因为我走的太多了。"和朋友们在一起除了畅谈刚刚过去的战时生活，还

去玄武湖上荡舟、在家里打各种花样的扑克。冰心在重庆时很少玩扑克，因为觉得劳神，但是躲空袭的时候，为了缓解紧张的情绪也通过打扑克来放松心神。抗战 8 年，家庭的重担一直沉沉地压在她的肩头，像现在这样为了娱乐而娱乐是史无前例的。

1946 年 11 月 13 日，冰心带着宗黎搭乘飞机从上海飞往东京。

第七章
战后访东瀛羁旅

以爱化恨

冰心作为战后第一位来日本的中国作家，受到了日本社会的极大关注。东京的报纸刊登了冰心来日的新闻，还介绍了她的生平、创作并附上了照片。

11 月 29 日，冰心在东京参加了中日女作家座谈会。日本女作家佐多稻子问冰心再次来到日本的感受是什么。冰心回答经历了惨祸的日本已经与以前大不相同了。她还同日本的其他女作家交流了文学创作、中国作家的情况等。虽然日本侵略中国给中华民族带来了痛苦和灾难，但冰心清楚日本大多数的普通民众也同样是这场灾难中不幸的受害者。她没有因为爱国而丧失理性，走向仇视日本整个民族的偏激之路。这次旅日，她目睹了荒芜惨淡的大地、流落街头的日本平民百姓，心中对他们充满着同情。冰心感到自己身上也担负着义不容辞的使命，那就是建立两国人民友好关系、把人类的命运引向光明。冰心反对暴力、爱好和平的主张在《给日本的女性》一文中深有体现：

> 世界上最大的威力，不是旋风般的飞机，巨雷般的大炮，鲨鱼般的战舰，以及一切摧残毁灭的武器——因为战器是不断地有突飞猛进的新发明。拥有最大威力的，还是飞机大炮后面，沉着的驾驶射击的，有血，有肉，有感情，有理智的人类。
>
> 机器是无知的，人类是有爱的。①

她呼吁作为母亲的女性们用爱和包容去愈合世间的创伤，用严肃的态度抵制暴戾。她想让世人知道仇恨是无休止的、暴力是终究要失败的，唯有人与人之间、国与国之间互助互爱才能实现和平。

---

①卓如编：《冰心全集》(第三册)，第79页。

据吴青回忆，当时战后的日本物资缺乏，人们生活条件艰苦，常常食不果腹、衣不蔽体。在寒冷的冬天还有衣着单薄的孩子拎着板凳，瑟缩着身子走在上学的路上。学校的校舍严重不足，以至于有很多学生不得不在露天环境中上课。冰心和吴文藻同情这些孩子们，有时也尽量给予他们一些帮助。

来到日本的冰心念念不忘自己当年在威尔斯利女子大学的好朋友濑尾澄江。当有记者采访时，她借机打听好友的下落。濑尾澄江通过《朝日新闻》记者之口欣喜地得知冰心正在寻找自己，便主动找到了中国驻日代表团驻地。两人刚见面便紧紧地拥抱在一起，她们用英语亲切地交谈，畅叙着这些年各自的生活。战时曾一度传来冰心去世的谣言，濑尾澄江半信半疑中担心着好友的命运。此后，冰心经常邀请濑尾澄江和其他两位威尔斯利的同学来家中做客吃饭。冰心和这位日本好友的深厚友谊一直延续到濑尾澄江逝世。

冰心在东京居住了半年后，1947 年 5 月她回南京参加国民参政会。在会议开幕前夕，国民党政府派军警对游行示威的大学生进行镇压。激起学生们极大地愤慨，他们呼喊着“反饥饿”“反内战”的口号向国民大会堂进发，遭到军警们的暴力镇压。在会场上，她目睹了一位女参政员，只要别人提到“和平”二字，她就情绪激动地站起来先讲一番所谓的“事实”，再主张对共产党下讨伐令。还有一位女参政员走到冰心身边，以咄咄逼人的姿态问冰心是否支持和平。冰心便回敬那位女士，让她快点坐到座位上，不要这样气势凌人地站着。

参政会议闭会后，冰心又到北平看望自己的孩子和师友。她在燕大自己的家中小住，燕大教授的孩子们听说《寄小读者》的作者回来了，都纷纷赶来探望拜访冰心，想目睹这位才华横溢的“大朋友”的风采。在抵达北平的当晚，燕园的教授朋友们为她接风洗尘。在座的有昔日国文系、社会学系的同事们以及吴文藻的几位弟子，大家欢聚一堂气氛融洽。晚宴上，大家问及参政会的情况，冰心如实讲出了自己的感受，她觉得参政会一年不如一年，尤以今年最糟糕，会上因为无聊还写了不少打油诗。

6 月 17 日晚，在美丽的临湖轩，燕大组织了一次座谈会，邀请冰心就其旅日的经历给大家做演讲。态度谦虚的冰心说自己只是以家属身份前去的，简单跟大家汇报一下自己的见闻和感受。冰心谈到日本国内物资匮乏，百姓们有钱也买不到东西，造成这一情况的主要原因是国家严控物资，向中国、美国、菲律宾、朝鲜等国家出口。说到日本的民主化，冰心认为日本距离真正的民主化还有很长的路要走。虽然美国新闻界常常对日本人的合作态度大加赞赏，但日本人的合作是一种顺民化的，没有反抗和自主性的合作。除了民主化问题，冰心还非常关注女权问题。在日本虽然有女议员，但是旁边还要陪同着一位男议员，由男议员提问和回答，女议员反而没有什么交流的权利和机会。冰心非常重视女权问题，如果一个社会不尊重女权，就好像用一条腿走路。而社会要想健全发展，就必须要用两条腿走路。冰心的话说到这里，气氛也变得有些沉重了。

不久，冰心就结束了短暂的国内行程返回日本。有记者趁新年之际请冰心为日本的妇女们写寄语，冰心提笔祝愿日本的女性们“继续整治战争的创伤，振作精神，战胜苦难!”

寒冬过后是醉人的春风，冰心带着小女儿吴青来到京都，这座日本历史上有名的古都。京都学者仓石武四郎之前将冰心的《寄小读者》翻译成日文并且在日本出版。他听闻冰心来到京都，便按捺不住激动的心情与冰心取得了联系，盛情邀请她为京都大学的学生做一次演讲。于是冰心在东方文化研究所为同学们做演讲，仓石武四郎负责翻译。演讲过后，冰心参观了东方文化研究所的图书馆，她看到了很多来自中国的文物。这些由侵略者掠夺来的宝物让冰心感到痛心，随同的师生们也纷纷对此表示歉意。在这个樱花盛开的美好时节，冰心在京都大学友人们的陪同下，游览了樱花如云的京都，感受到了自然风光的无穷魅力。

后来，冰心又应日本东方学会东京支部和东京大学文学部中国文学研究室的联合邀请去东京大学做讲座。1948 年 6 月的一天，东京大学 36 号大教室里坐满了前来聆听冰心讲座的听众，其中有中国文学的研究者、对中国文化感兴趣的学生，还有几位很少参加活动的女性听众。冰心用亲切的语气、清晰的发音缓缓讲出自己今天演讲的题目《怎样欣赏中国文学》。冰心的演讲没有准备讲稿，完全凭借自己的理解和结合生活经历来谈。她旁征博引，从《诗经》《楚辞》等传统诗歌说到抗战时聂耳创作的《义勇军进行曲》，听众们沉浸在冰心的演讲中。就这样，冰心连续做了5次演讲，内容从古代文学一直讲到了新文学的发生发展。第5讲尚未结束，听众就强烈要求出版讲演的笔记。仓石武四郎先生只好借来了3本笔记，然后连夜整理演讲内容。成稿后由中山时子翻译成中文，交由冰心审阅，最终这本讲稿以《怎样欣赏中国文学》为书名由东京大日本雄辩会讲谈社出版。

二战后东京帝国大学改名为东京大学，是日本培养文官的最高学府。1949年，仓石武四郎担任东京大学中国文学部主任，邀请冰心担任东京大学教授，教授中国新文学的课程。讲授新文学时，冰心的体会尤为强烈，她给大家介绍了中国的作家，重点讲了鲁迅、郭沫若、茅盾、巴金等人的创作。仓石武四郎会在一边旁听，当他听到重要内容时，就站起来给学生们翻译成日文，帮助加深理解。东京大学的教学环境比较艰苦，冬天没有暖气，只能靠炉子取暖。学生们经常吃不饱肚子，有时候，费了九牛二虎之力弄来的东西用炉子烤好了还主动分给冰心吃，冰心对学生们的这份情谊非常感动。

东京大学的校长对冰心怀有很高的敬意，有时还特地来看望冰心，询问冰心对学校有什么建议。这时，冰心的回答还是站在她一贯的立场上，希望学校能够多用一些女性，尤其是自己本国的女性老师，让她们也能够发挥自己的才能。

辗转归国

冰心夫妇在日本的这几年，国内的形势发生着巨大的变化。谢南光是政治组副组长，他是中国共产党地下党员。通过与吴文藻的共事，谢南光与冰心和吴文藻成了好朋友。谢南光经常会将一些国内的最新消息，悄悄地说给冰心夫妇听，在对他们的进步倾向性有了深入的了解后，谢南光还将他秘密得到的国内的学习资料、毛泽东著作借给他们看。有时，还以打桥牌为由去冰心家共同讨论、秘密收听解放区的广播。

一天，冰心从外面回来，小女儿吴青蹦蹦跳跳地跑来对妈妈讲今天家中来了一位奇怪的客人。这位来客是吴青之前从来没有见过的，她请他坐下，来客也不理会，只是在家里东看看西看看，还翻看了他们的书架。冰心觉得这件事很蹊跷，晚上吴文藻回家就把这件事悄悄告诉了他。

吴文藻赶忙查看自己的书架，有些书的排列顺序是错的，他突然想起了自己横着放在书架上的那本《新民主主义论》，这是他刚读不久的一本书，还用红笔做了标记圈点，却怎么都找不到了。这件事让吴文藻意识到问题的严重性，代表团里不仅有中统、军统，还有其他系统的特务，今日的不速之客说明自己平日的活动已经引起特务们的怀疑，就郑重地告诉冰心以后行事必须要提高警惕了。

1947 年，吴文藻托朋友将二女儿吴冰带到了日本。次年 7 月，大儿子吴平也赴日与父母团聚，进入东京的美国高等中学念书。吴冰非常喜欢读老舍的作品，几乎每一本都找来读，新出版的还要托人从国内寄到日本。然后，还不忘给舒伯伯写信，赞美他写得好。老舍也会热心地给孩子回信。抗战胜利后，老舍应美国国务院的邀请，去美国讲学。异国的生活让老舍心情惆怅，常常在来信中流露出这种情绪。

1949 年，老舍给吴文藻夫妇的最新一封来信称，国内已经发生了翻天覆地的变化——中华人民共和国成立了。老舍决定收拾行装启程回国，归途中将途经横滨。这个消息对于冰心和吴文藻而言无疑是个天大的好事，终于可以见到阔别多年的好友了。此时冰心和吴文藻的一举一动都在国民党特务监视下，但他们还是决定去横滨见好友一面。

1950 年，国民党已退守台湾。驻横滨的领事仅仅对共产主义抱有同情之心，便被召回台湾枪毙了。某天，代表团驻地升起了中华人民共和国的五星红旗，引来一片哗然。事态的发展逐渐恶化成是二吴二谢（吴文藻、吴半农、谢南光、谢冰心）促使朱世明起义所为的谣言。台湾当局将朱世明调回了台湾，当外交部次长。吴文藻当机立断递交了辞呈。当时在日本除了盟国的官员以外，只有记者和商人可以居留。这时，谢南光通过关系为吴文藻弄到了《星槟日报》记者的身份，才得以继续留在日本。此后吴文藻便开着记者专属的黄色车牌的车继续在日本奔走联络，谢南光依然可以到吴文藻家交流信息，讨论着回国事宜。

这时，大儿子吴平已经念完了高中，周围的人都劝冰心送他去美国念大学。但是冰心想让儿子早日回到祖国，为新成立的国家贡献力量。为了掩人耳目，她安排儿子先去香港进修，同时还有一封写给国内的信，冰心嘱咐儿子沿途千万将信保管好。就这样，吴平顺利地登上轮船离开日本，在到达香港之前，轮船经停天津塘沽。他趁人不注意偷偷地溜下船，辗转到达了北京。后来在有关部门的安排下，他进入北京大学读书，因为他选读的是建筑专业又转入了清华大学。这时，远在日本的吴文藻夫妇正在思虑如何突破重重阻碍、克服困难回到祖国的怀抱。

虽然国内有关部门已经同意冰心和吴文藻回国，但是他们手中持有的依然是台湾的护照。如果回国的消息被台湾当局得知，他们就可能面临生命危险。所以如何找到一个周全的办法回国是当务之急。正在夫妻二人为如何脱身苦苦发愁时，耶鲁大学寄来一封给吴文藻的聘书和一笔路费，邀请他去耶鲁大学任教。没想到这封聘书及时成为他们归国的绝佳掩护。冰心对外声称他们要去耶鲁大学任教，还向台湾当局打了申请，护照很快就签发了。他们紧急地做着善后工作，带不走的资料和文件就地焚毁，要带走的东西就整理好装进箱子。为了不让人发现，他们将门窗紧闭，拉好窗帘，一切都在秘密的环境中进行。为了减少国民党特务的怀疑，冰心以给两个女儿置办衣装为由声称要先去一趟香港。临行前，趁着在东京的熟人都去避暑的机会，冰心将车子送给了谢南光，他们一家悄无声息地登上了归国的印度客轮。

当轮船缓缓停靠进香港维多利亚港时，冰心内心一阵激动。在香港，吴文藻退回了耶鲁大学的聘书和路费，并且感谢他们为自己的归国提供了便利。最后在驻港机构周密的安排下，冰心一家由友人陪伴，登上了开往祖国的轮船。当冰心远远望见了珠江口，她的心也踏实了。他们从广州稍作停留就启程北上，暂时在天津的一家招待所中落脚。

第八章
人生黄昏静看风雨

友好使者

冰心在北京的新家位于崇文门内洋溢胡同，这是一所四合院。当冰心还在天津时，有关部门就派人来把这里置办得井井有条。再次回到阔别已久的北京，这里已不再是走之前的模样了。北京作为新中国朝气蓬勃的首都，焕发着欣欣向荣的生气。这时，旗袍已经不流行了，除了冰心已经很少有人穿了。冰心也在有关同志的陪同下去王府井服装店做了新衣服。冰心换下旗袍穿上了双排扣的列宁服，吴文藻也穿上干部服，兴高采烈地向孩子们挥手微笑。虽然只是小小地变化了一下着装，但对他们而言，换下的是陈旧的过往，穿上的是崭新的未来。由于这时候还不方便公开身份，夫妻二人的活动大多是趁大家都去上班才外出游览、看演出。有一次在颐和园中，冰心远远地望见了梁漱溟，她和吴文藻只好拉上口罩匆匆走开了。在北京的新家中，夫妻二人利用晚上的大好时光埋头读书，冰心阅读了大量的文艺理论和苏联的作品来武装自己的思想。因为还处在保密期，两个女儿都改了名字，宗远改名吴冰，宗黎改名吴青，在北京十三中念书。

虽然过着“隐居”的生活，但在组织的安排下，他们在家中会见了许多老朋友。潘光旦、费孝通的到来让吴文藻既激动又高兴。郑振铎也带来了新中国工作情况的信息，像筹建政治协商会议、制定新中国文物保护政策等等。老舍、罗常培这些昔日交情深厚的朋友都来了，他们身上洋溢着建设祖国的激情。朋友们带来的讯息让冰心感到热血沸腾，她也想早早结束这种“秘密”的身份投到新中国的建设中。不久，在东城区总布胡同召开了文艺界欢迎冰心归来的茶会。冰心见到了许多志同道合的文学工作者，他们的热情与真诚，让冰心看到了新中国文艺队伍的希望。

最让冰心难忘的是受到了周总理接见。那天，她和吴文藻坐着黑色小轿车来到中南海，周总理笑着迎了出来，亲切地问候：“你们回来了！你们好呵？”顿时让冰心觉得漂泊的孩子受到了亲人的爱抚。周总理与他们亲切地交谈，并且共进了晚餐。总理的晚餐只有四菜一汤，唯一的荤菜只是一盘炒鸡蛋。冰心惊讶于周总理朴素的生活作风，又很高兴周总理并没有把自己当作外人。那晚，因为担心打扰总理的工作，冰心和吴文藻便早早告辞了。周总理对他们的关照像是和煦的春风吹进了他们的心田。

在一次与小学生的偶然接触中，冰心产生了给少年儿童写读物的想法。一个小学生说他最爱看《西游记》，但只挑选自己感兴趣的地方来看。这启迪了冰心以类似手法写少年儿童身边事的写作思路。因为平日里与小学生接触不多，缺少充足的现实题材，她便想到了以两个女儿在暑假里和同学们发生的故事作为创作的基本素材，这样便有了《陶奇的暑期日记》这本儿童读物。这本书于 1953 年下半年开始酝酿，1954 年夏天完成创作，以小学生陶奇的日记反映了新中国少年儿童的精神面貌和丰富多彩的生活。同年，冰心经丁玲和老舍的介绍加入了中国作家协会，10 月份出席了全国文艺工作者第二次代表大会。她满怀热情地参与到新中国的建设事业中。

1950 年印度独立，中印两国建交。为了巩固和发展两国的友谊，印中友好协会全国会议邀请中国派代表出席协会成立大会。虽然冰心之前多次走出国门，但是代表中华人民共和国，做新中国的友好使者出访还是第一次。当接到这个消息时，冰心按捺不住内心的激动。她感到自己使命重大，于是找来各种与印度相关的书籍翻阅，了解印度的历史和风俗。1953 年 12 月 7 日中午，代表团一行登上了飞往印度的飞机。他们先到加尔各答，再到印度首都新德里。一下飞机，冰心就感受到印度人民的热情，沸腾的人海、挥舞的双手、热情的欢呼声，还有各种各样的欢迎花环。在印度，他们出席了友好协会全国会议的成立大会，之后又拜谒了圣雄甘地的墓、参观了泰姬陵等名胜古迹，根据协会的日程安排访问了印度 19 个城市。冰心以她不卑不亢的态度、优雅的气质和广博的学识，出色地完成了这次外事访问活动。后来，同行的夏衍在《赞扬我的“老大姐”中》肯定了冰心的表现。

冰心将她在印度期间的经历写成了两篇文章《印度之行》《回忆我在印度的日子》。1955 年，冰心跟随以郭沫若为团长的中国代表团再次出访印度，出席在新德里召开的亚洲国家会议。后来撰写《印度重游记》详细记录了此行。1955—1957 年间，冰心先后出席了瑞士洛桑举办的世界母亲大会、日本广岛的禁止原子弹和氢弹的世界大会以及亚非人民大团结会议。

1958 年，是冰心最忙碌的一年。应袁鹰的邀请，她开始续写《寄小读者》系列，3 月 18 日冰心的《再寄小读者》开始在《人民日报》副刊上连载。三八妇女节时，冰心和作协的同志们到十三陵水库参加劳动。7 月 1 日，又来参加了水库落成典礼。十三陵水库极大地刺激了冰心的文思，她先后写了《大东流乡的四员女健将和女尖兵》《十三陵水库工地散记》等文章来抒发自己激动的心情。3 月 21 日，冰心随中国文化访问团出访欧洲。10 月 3 日随以茅盾为团长，周扬、巴金为副团长的中国作家代表团赴塔什干访问，同行团员有郭小川、许广平、杨朔、赵树理等。当作家代表团的访问即将结束时，冰心接到来电让她继续参加中苏友好访问团。于是冰心便留在莫斯科继续完成访问苏联的光荣使命，直到 11 月 29 日，她才结束工作回到北京。

1959 年 3 月，冰心参加全国人民代表大会组织的参观团到郑州参观。她参观了花园口灌溉中心、三门峡水利枢纽，让她见证了一个只有 3 万多居民的会兴镇是如何迅速发展成一个中等规模的三门峡市的。同年，庆祝新中国成立十周年，《人民日报》文艺部组织去青龙桥参观，冰心受邀前往。在青龙桥生产队，冰心亲切地和生产队长李景祥攀谈，从他的口中了解了这个村庄在新中国成立后的成长过程。冰心有感于实地参观所目睹的国家新面貌，相继写出了《我们把春天吵醒了》《记幸福沟》《奇迹的三门峡市》《像蜜蜂一样劳动的人们》《再到青龙桥去》和《再寄小读者》等多篇通讯。

冰心在《北京晚报》上发表了《走进人民大会堂》，这是她目睹了新中国十周年诞辰之际，在北京迅速拔地而起的人民大会堂、工人体育场等十大建筑后的有感而发。在这篇文章的序言中，冰心提到她看孩子们在田野上捡拾麦穗也能积少成多捡拾一筐，所以她想到自己的一次参观访问、一次看戏听书也好像捡拾一株株麦穗，积少成多也会有可喜的成果，于是便把这些有感而发的文章汇集在《拾穗小札》之下。《走进人民大会堂》便是《小札》的第一篇，之后她又陆陆续续创作了 50 多篇作品。

1961 年亚非作家会议常设理事会召开紧急会议，冰心随团赴日。在日本期间，冰心结识了日本女作家三宅艳子。1962 年 2 月 7 日，在开罗召开亚非作家会议，冰心作为中国作家代表团的一员出席会议。这次会议上，冰心又见到了三宅艳子。在讨论时她们被分到了文化交流组，针对翻译在促进亚非国家文化传播中的问题展开了讨论。1963 年 7 月，第二届亚非作家会议执委会在巴厘岛举行，会后部分亚非作家访问中国。首都各界在全国政协礼堂集会，欢迎各国作家的来访。三宅艳子在会议上做了发言，表明了她爱好和平、向往人类幸福的心愿，她的发言获得了与会者的称赞。几次共同参会的经历，巩固和发展了冰心同这位女作家的友谊。后来三宅艳子在中国的行程，从北京到上海再一路南下直到离境都由冰心陪同。1963 年秋，应日中文化协会的邀请，冰心再度访问日本。历数冰心在新中国成立后的外事活动，“从 1953 年至 1980 年，她曾 12 次出国访问，其中日本 5 次，印度、埃及各 2 次，瑞士、西欧和苏联各 1 次，在国内接待外国各界

人士来访的人次就难以计数。”[1] 冰心当之无愧为新中国友好交流的使者。

风雨如晦

1957 年，中共中央发表《关于整风运动的指示》，拉开了整风运动的序幕。社会各界民主人士通过鸣放座谈会的形式参与了整风运动。北京的各大高校也掀起了群众运动的高潮。

1953 年吴文藻被正式分配到中央民族学院工作。学院有一位干部假惺惺地到和平楼来看望冰心和吴文藻，并且主动谈起了当时人们在大字报、大辩论中提出的问题。吴文藻毫无顾忌地把内心的真实想法倾吐出来。这也为吴文藻要遭遇的“祸患”埋下了伏笔。

6 月 8 日，冰心看到《人民日报》一篇社论《这是为什么》，她隐约察觉到政治气候的变化。7 月 1 日，《人民日报》发表《文汇报的资产阶级方向应该批判》的文章，引发了全国性的反右派运动。让冰心万万没想到的是，之前来访的那位

---

①陈恕著:《冰心全传》,北京:中国青年出版社,2011 年,第 284 页。

"朋友"把吴文藻说的话作为右派言论汇报给了领导。再加之吴文藻在整风时提的意见，被定为反右斗争对象。冰心对丈夫的为人最清楚，当初他克服重重困难毅然回到大陆，又拒绝了耶鲁大学的任教机会，怎么可能是右派呢?

陷入迷惘中的冰心自然没有察觉到危险也向自己逼近。

费孝通到西南调查知识分子的情况，回来后按照要求写了一篇文章《知识分子的早春天气》。他将文章拿给冰心让帮着提些修改意见。后来，文章发表在《人民日报》上，却被说成是大毒草。在当时的情况下，学生犯了错误要将责任追讨到老师头上。于是有人以冰心曾经帮助修改为由，提出将冰心划为右派，并将材料上报给了中央。幸亏周总理出面干预，才帮冰心化解了危机。

远在上海的冰心最疼爱的三弟为楫被划成右派，大儿子吴平也被打成了右派。1958 年，是她归国后最迷惘、无助的一年。正当她不知所措之时，邓颖超大姐把冰心请到中南海的西花厅。冰心对邓大姐非常信任，便向她诉说了内心的愁苦。邓大姐劝慰冰心，并嘱咐她对吴文藻要多加照顾，这时候人人都与他划清界限，唯有亲人能

够帮他渡过难关。此时，吴文藻每天忍受着批判、斗争和反省。他被迫写检查，深挖自己思想中的错误根源，这个过程无疑是痛苦又煎熬的。在吴文藻情绪最低落的日子里，冰心一直在身边鼓励他，“向前看，好好过关”。吴文藻在自传中记录道：“当时心里还是感到委屈和沉闷，但我坚信事情终有一天会弄清楚的。”1959 年 12 月，吴文藻摘掉了右派分子的帽子。1979 年中国共产党中央民族学院委员会做出了吴文藻的右派问题属于错划的复查结论，还他一个清白。

1962 年夏，冰心一家五口难得团聚，决定去香山消夏。冰心把这段经历写成了《香山消夏录》。

出发前，三个孩子在冰心面前晃来晃去收拾行李。冰心提醒他们不过去几天，能少带就少带。令冰心发笑的是，整理行李时登山鞋、泳衣、遮阳帽这些东西一样不少地出现在箱子里。她忍不住调侃孩子们简直是要去南极做探险。说好了不让带书，箱子里还是有几本书。吴文藻赶忙替自己“开罪”，他这次带的不是自己的专业书，而是冰心推荐的几本小说。吴平和吴冰也理直气壮地说他们带的都是必不可少的书籍。而冰心也偷偷地塞进了一沓信封和信纸，想要趁着清闲的时间还一还信债。等一切收拾停当，整整两大手提箱。

到了香山，三个孩子爬山逛寺庙还去昆明湖游泳，冰心和吴文藻则在酒店中接待了许多串门的熟人。他们住了还不足一周，便提前回家了。

1966 年，“文化大革命”爆发，冰心的小家庭也在风雨浩劫中被摧残。

1966 年 5 月，《人民日报》刊登了《横扫一切牛鬼蛇神》的文章，要把资产阶级的“专家”“学者”“权威”“祖师爷”打得落花流水。一时间大字报遍地开花，红卫兵组织在各地高校纷纷建立。

在“造反有理”的革命形势席卷下，吴文藻和冰心都难逃厄运。他们的家很快被贴上大字报，被勒令交代罪行、强迫参加劳动改造。在劳动改造的时候，冰心看到了潘光旦。他坐在小凳子上拔草，每当移动的时候，就拖着伤残的身体艰难地挪动小凳子。有时候，他就一条腿跪着拔草。看到昔日的好友如今沦落到如此悲惨的境遇，冰心心如刀绞。她想去帮助他，却又担心给他制造更大的麻烦。

10月6日，冰心被中国作家协会革命委员会勒令到作家协会集训，地点是东城区顶银胡同47号的中国作家协会的宿舍。同来参加集训的还有张天翼、刘白羽、严文井等一些知名作家。他们分别被造反派提问不同的问题，然后学毛选、写交代材料，此外还要参加劳动。冰心跟着大家一起砸煤、运煤，忍受着眼前的一切。后来为了便于管理，中国作家协会的造反派将位于顶银胡同的“牛棚”迁到了中国文联大楼四楼的一间办公室内。这些作家除了挨批斗、写交代材料，同时承担了卫生清洁的工作，冰心负责打扫厕所。造反派抓住冰心归国前在日本期间的活动不放，质问她在日本期间做了些什么又为什么回国，诬蔑她是“国际间谍”。冰心忍受着莫须有的罪名和侮辱，在一些原则上的问题不卑不亢。幸好周总理了解冰心在日本期间的活动，出面为她证明。可造反派们依然不依不饶，又将矛头对准了冰心的文学创作，批评冰心宣扬的是没有阶级的爱，实际上就是资产阶级反动权威。

此时，冰心家人的境况也不乐观。二弟为杰被打成反动权威；三弟为楫因替群众扎针灸治病，被打成了现行反革命；吴文藻也进了中央民族学院的“牛棚”。自顾不暇的冰心看着周边的亲朋好友、旧友新知几乎都处在水深火热之中，她那天性悲悯的心更加沉重。

有一天，冰心在文联大楼下擦桌子，突然传来了一声久违的问候：“谢奶奶，我看您来了!”冰心小心翼翼地转过身来，看到了她之前采访过的五个孤儿中的周同庆。1964 年《北京晚报》上报道了五个孤儿受政府关怀，冰心受邀写了一篇报告文学《咱们的五个孩子》。在采访调查中，冰心得以走进这五个孤儿的生活，与他们建立了友谊。她为孩子们送过好多书籍和生活用品，有时还把他们接到家中。

冰心神情紧张地环顾四周，然后问道：“你怎么敢冒这个险，孩子?”

小同庆说：“谢奶奶，我不怕。”小女孩坚定地说，相信冰心不是坏人，也让冰心要相信人民相信党。在那个人人自危的年代，这几句话仿佛一缕阳光，让冰心久被尘封的心感到了一丝温暖与鼓励。这件微不足道的小事成了“文化大革命”期间冰心最难忘的经历。

1969 年 9 月，中国文联为贯彻“广大干部下放劳动”的最高指示，在湖北咸宁和天津静海办

了“五七”干校。许多同事已经被送到干校，冰心已年近古稀，作为老弱病残暂时留在北京。不久，《人民日报》发表了《坚持干部参加集体生产劳动》的社论，于是冰心也下放到干校。此时，大女儿下放到江西干校、二女儿在唐山军垦农场劳动，吴文藻在京郊的石棉厂参加劳动，冰心此次去的是咸宁的“五七”干校，一个完整的家就这样被拆散得支离破碎。

临行前，冰心的牙出了问题。大夫看过后说满口的牙都得拔掉，大概需要 3 个月，只能暂时拔 3 颗。刚拔了牙还未消肿，冰心就被找去文联大楼干杂活了。12 月 25 日，冰心接到通知，让她在最短时间内收拾好行李，去咸宁“五七”干校报到。屋漏偏逢连夜雨，吴文藻在坐电车的时候从车上摔下来头部受伤。中央民族学院派人来探望，并代冰心向中国作家协会请了一个星期的假。当时有规定，夫妻双方可以到一所干校。正好中央民族大学要在湖北沙洋开办“五七”干校，于是冰心向作家协会的工宣部提出申请，要和吴文藻一起去沙洋干校。没想到，她的申请没有被批准，工宣部执意让冰心去咸宁。无奈，冰心只好独自一人做着行前的准备。出发那天，冰心怀着对吴文藻的歉疚和不舍之情匆匆赶往火车站。从北京到湖北的漫长行程中，对于年近70岁的冰心来说无疑是异常艰难的旅程。

到达咸宁干校后，冰心被安排到五连，之后，冰心由张兆和领到了老乡家。在咸宁鲁家湾干校，集中了许多文艺界的知名人士，有冯雪峰、沈从文、臧克家、张天翼、郭小川、韦君宜等。冰心的劳动地点是菜地。开始是为菜地松土、挖坑囤肥，后来和臧克家、张天翼轮流看管菜园，防止菜被外来的人偷走或被鸡踩踏。每次换岗的时候，臧克家或者张天翼也不立刻就走，而是和冰心坐在菜园边谈些无关政治的闲话。有一次，有几头牛闯进菜地，身体纤弱的冰心竟独自一人把牛赶走了。

在干校，冰心和张兆和因为年纪大，被批准不用为贫下中农挑水，而是替房东打扫卫生。在给家人的信中，她语气和缓、态度平静地汇报自己的生活，也汇报自己体会到的农民生活的不易，劝诫家人好好接受教育。在这样艰苦困窘的生活条件下，冰心依然保持谦和友善的风度，时时调整自己的心态去度过每一天。

不久，作家协会有关人员通知冰心去沙洋干

校，让她抓紧搭乘军车走。于是，冰心搭车到达咸宁，又乘火车回到北京。第二天，她就赶去中央民族学院报到，和吴文藻一起去武汉汉口的沙洋。为了照顾冰心和吴文藻，学校替他们留了一个卧铺，供他们轮流休息。

在沙洋干校，住宿条件很差，大家都睡在大通铺上。冰心和吴文藻受到了特殊照顾，分配了一个单间。冰心被分到一连一排二班的蔬菜组，她和蔬菜组的人一起给西红柿掐尖、绑架子，给韭菜地拔杂草，采摘成熟了的蔬菜果实。这些农活虽然辛苦，但也让冰心体会到了耕耘的充实和收获的喜悦。有时候，红卫兵还会帮助她打水，这让冰心感到很欣慰，即使在风雨如晦的社会环境中，她在孩子身上寄予的希望依然丝毫未减。

7 月下旬，她又到了吴文藻所在的五连二班，这个班专门负责棉花田。在骄阳如火的 7 月，冰心在密不透风的棉花地里打杈、点药、捉棉铃虫。冰心的身体很难承受这样的劳作环境，但她通过服用药物坚持了下来。冰心还做过掰玉米、捡豆子、挖白薯等农活。秋天，棉花收获的季节，她去田里摘棉花，洁白的棉桃让冰心感到收获的喜悦。走在路上，看到掉落的棉花，她总会弯腰捡起来，将它们扔进棉花堆里。

此外，修公路、搓麻绳、打砖坯、挖水渠等等，这些重活累活冰心哪一样都没有落下。除了繁重的体力劳动，还有无休止的政治批判运动。1971 年 4 月，沙洋干校搞了一个文化室，革委会把文化室的管理工作交给了冰心。冰心每晚都按时开门，还把文化室里的书刊整理得井井有条。

1971 年，中美关系出现缓和。周总理邀请美国总统尼克松在 1972 年 5 月前的一个适当的时间访华。尼克松总统欣然接受访华邀请。这件事为冰心和吴文藻提供了一个意外的机遇，使他们得以结束干校的生活。

尼克松访华成为当时整个国家的一件大事，为了更好地了解美国、了解尼克松，中央决定翻译尼克松的自传《六次危机》和一本美国学者著的《世界史》。但是当时的高校已经停办，知识分子们大多在“五七”干校，中央领导便决定将冰心、吴文藻、费孝通等抽调回京。1971 年 8 月 7 日，冰心离开了沙洋。临走之前，冰心回望着自己待了 14 个月的地方，从心里告诉自己不能忘记在这里接受的教育。

从反右运动到“文化大革命”，政治风暴带

给每一位个体的伤痛都是酷烈的，而对于冰心这样一位老人来说更是残忍的。她一面要承受体力上的负荷、思想上的高度紧张，作为一名母亲她又要挂牵着每一个家庭成员。但是，她以坚忍的品格支撑着自己和这个家。在干校的劳作中，她努力做好每一件事，以真诚的心对待每一位贫下中农。无论怎样的风云变幻，冰心始终相信人民、相信党，坚信国家会更好。

老骥伏枥

返京后，中央民族学院研究室接受了翻译《六次危机》中两章的任务。所有的稿子先由冰心通读一遍，然后分派任务，最后将译好的稿子交给冰心和吴文藻审阅后定稿。冰心很快就翻译好了自己分担的部分，然后主动帮助进度慢的同事。由于每人的翻译风格上的差异，对于有些不通顺的译稿，冰心需要从头校阅，这可比她自己翻译都要费劲。但她耐着性子，一点点润色修改。

1972 年，日本首相田中角荣访华。冰心参与了田中角荣正式访华前及全程接待工作。她撰写了《樱花与友谊》，记录中日邦交正常化所经历的漫长历程。中日恢复邦交后，冰心以 73 岁高龄作为中日友好协会访日代表团的成员再度访日。这是她第四次来到日本，代表团一行受到了日本民众的热烈欢迎。

1975年1月，第四次全国代表大会在北京召开，冰心当选为全国人大代表。6月，冰心和叶圣陶、赵朴初、胡愈之等赴西南参观考察。这次考察中冰心去了重庆，重新登上歌乐山，寻访昔日住过的林家庙5号。在云南，冰心和赵朴初回到呈贡，在当地民政局同志的陪同下参观了呈贡中学的原址和冰心当年住过的“默庐”。那些故地、旧迹，引起冰心悠悠的情思，那些地方曾经与她风雨相伴，是无法忘记的。

1976年，共和国领导人周恩来、朱德、毛泽东相继去世，举国上下沉浸在悲恸的气氛中。冰心在广播中听到周总理去世的消息，无疑是晴天霹雳，她难以相信自己尊敬、爱戴的周总理竟然离开了人世。她回想起与周总理的几次接触，他总是那么平易近人、真诚亲切。冰心怀着万分沉重的心情参加了周总理的遗体告别和追悼会。后来，冰心总是给孩子们讲起周总理的故事，教育后代要顾全大局、艰苦朴素、甘于无私奉献。

1976年10月6日，党中央粉碎了“四人帮”

反革命集团，结束了“文化大革”命这场民族浩劫。在纪念周总理逝世一周年之际，冰心饱含深情地写下《永远活在我们心中的周总理》一文，记录了自己与总理交往的点点滴滴。后来她又写了《一个伟大人物的诞生》《记一件最难忘的事情》《我站在毛主席纪念堂前》《瞻仰毛主席纪念堂》等。冰心创作上的再度花开，主要集中于为儿童读者的创作和一些回忆往事、悼念故人的散文。1978 年，中断多年的《寄小读者》系列，在冰心的笔下顽强地“复活”，这一系列是冰心从青年时期一直写到了老年时期的作品，少女变成了慈祥的奶奶，但一直以一颗纯真烂漫的童心陪伴着一代又一代的少年儿童。这次写的《三寄小读者》（实际上应该为《四寄小读者》），冰心怀有一颗赤诚之心，虔诚地与小读者们交流学习与生活。经历了人生的坎坎坷坷、风吹浪打，已经迈入生命黄昏期的冰心多了一份沉静与平和，同时她也更加珍惜来之不易的生活，以愉悦的心情鼓励少年儿童们努力上进。冰心不仅致力于儿童文学的创造，还非常关心儿童工作的建设，她和熊塞声共同主编了《儿童文学剧本选（1949－1979)》，每一个儿童剧都是冰心为孩子们精挑细选出来的。她的《三寄小读者》中的通讯《书是我们的好朋友》还被选入小学课本，对少年儿童们的健康成长带来积极向上的影响。

同年，冰心创作了《悼郭老》《老舍和孩子们》，以及《追念振铎》，这是冰心抒写追念故人文章的开始。1979 年，为纪念五四运动六十周年，她创作了《回忆“五四”》《从“五四”到“四五”》。应《福建文学》之约，撰写了回忆性散文《我的故乡》，后又相继写了《我的童年》《我到了北京》《我入了贝满中斋》等一系列回忆性散文。1980 年 1 月，冰心创作了短篇小说《空巢》，在当年全国优秀短篇小说评选中，被评为优秀短篇小说。小说敏锐地捕捉到了时代的问题，十年动乱结束后，随着改革开放的推进，国门渐次打开，对外交流增多，许多人对华侨产生了盲目的羡慕。冰心以冷静的视角反映了华人生活的无奈和辛酸。这篇小说针对时代问题发声，表明了冰心热爱祖国的坚定立场和洞察社会问题的犀利眼光。

年届八十的冰心患上了脑血栓。入院治疗期间，好友纷纷前来探望或致信问候。出院不久后，冰心散步时不慎跌折了胯骨。医院建议采取

保守治疗的方案，但是冰心选择了手术的方案。手术非常成功，冰心在医院里度过了她的八十大寿。生日那天，几个孩子代表千千万万的小读者给冰心奶奶送上了美丽的鲜花。《儿童文学》编辑部送来了一幅画，画上是一个绾着小冲天辫、系着红肚兜的孩子，扛了两个大寿桃。落款是“冰心同志八十大寿”。冰心对大家为自己祝寿感到非常幸福与感动，看到朝气蓬勃的孩子们她仿佛感到自己的生命又一次年轻了，于是在病房中写下了《生命从八十岁开始》一文：

> 我病后有许多老朋友来信，又是安慰又是责难，说：“你以后千万不能再不服老了！”所以，我在复一位朋友的信里说：“孔子说他常觉得‘不知老之将至’，我是‘无知’到了老之已至的地步！”
>
> 这无知要感谢我的千千万万的小读者！自从我二十三岁起写《寄小读者》以来，断断续续地写了将近六十年。正是许多小读者们读《寄小读者》后的来信，这热情的回响，使我永远觉得的年轻！[1]

---

[1] 卓如编：《冰心全集》（第五册），第 359 页。

冰心虽然上了年纪，但是她的心态却没有随着身体而衰老。她澄澈的目光中依然闪着亮光，头脑的反应还是那么灵敏，行止之间还透着那种冷静沉着、谦和优雅。以雍容安闲的态度笑看衰老和疾病，冰心扎扎实实地走过人生的每一步。

这位享誉海内外的知名女作家，一生都低调行事。她在中央民族学院和平楼的一个三间小单元房里一住就是20年。1981年冰心生病后，为了方便照顾她，吴青搬到母亲家中居住。冰心把大卧室让给女儿一家，她和吴文藻住在一间只有9平方米的小房间。在这里只能摆放二老各自的单人床和书架，在南窗下只能再放下一张两屉桌。这张书桌，她和老伴一人一半，有时候两个人并排坐着看书。当冰心需要写作，吴文藻就去客厅翻阅材料，而当吴文藻要写东西，冰心也只能去旁边翻翻报刊。时任国务院副总理杨静仁了解到冰心住房紧张的情况后，专门拨款要给冰心建一座小楼。但冰心谢绝了领导的好意，提议将这笔拨款用于中央民族学院正在修建的教授楼工程中。教授楼落成后分给吴文藻两个套间。这二老的生活和工作的环境得到了极大的改善。

晚年的冰心与猫之间还有着一些充满了温情

的趣事。这只叫作“咪咪”的猫咪从一出生便被冰心领养了。有了咪咪的陪伴，冰心的生活多了很多乐趣，她多次把咪咪写进文章里。除此之外，咪咪还是一只很懂得“抢镜”的猫。每当有客人来拜访时，它就会跳到桌上守在冰心的身边，所以冰心和友人的很多合照中都有咪咪的身影。

1985 年 9 月 24 日，与冰心携手走过半个多世纪的吴文藻因病逝世。直到他生病住进医院之前，这位可敬的学者关心的依然是学科的建设和学生们的培养问题。吴文藻以实际行动向后学证明了什么是活到老、学到老，“文革”结束后，他深感社会学科建设上的“欠缺”，不顾自己年迈衰老，争分夺秒地为这一学科“补课”。在他的遗嘱中，特别说明了自己的存款要分给中央民族学院的研究生，因为大学生有助学金而研究生没有。为了避免兴师动众，冰心没有去医院告别，但是她与吴文藻这一世深重的感情似乎也无须这些外在形式的证明了。冰心亲手在挽联上写下：献给文藻，婉莹并第二三代的孩子们。简单的语言承载的是道不尽的情真意切。一年以后，冰心写作了《我的老伴——吴文藻》一文，表达了深深的怀念之情。

晚年的冰心在一切能尽到心力之处都做出自己的努力，这对一位老人而言是十分可贵的。香港回归时，在病房中观看电视实况转播的冰心，在病榻上一笔一画地写下“香港回归，我心痛快!”……

生命陨落

1999 年 2 月 28 日，冰心的生命之光熄灭，享年 99 岁。

作家马烽在收到讣告后，连夜写了一副挽联：

人品文品洁如白玉

爱心童心纯似赤金[①]

他以内心深处自然涌现的文字素描了冰心一生的精神风貌，表达了对这位前辈的敬意。

年事已高的诗人臧克家由妻子郑曼执笔写下了回忆他同冰心交往的文章《遗爱在人间》。以动情的笔触写出了交情深厚的老友在垂垂暮年相互守望互道珍重的感人情谊：

①李朝全、凌玮清编:《世纪之爱:冰心》,北京:团结出版社,1999 年,第 15 页。

冰心大姐住院后，我也病倒了。几年来，我和全家都很惦念她。怕打扰，不敢去医院探望，只不时地给她家打去电话，询问病情。我们是多么希望冰心老人能健强地活到科学家所说的人类生命的极限，让她的爱和美照亮她所关爱的千千万万人的心。①

同为福州老乡的诗人谢冕以诗化的语言纪念文坛独一无二的冰心老人：

世纪之星陨落了，陨落在世纪终结的前夜。她的使命已经完成，她整整燃烧了一百年！能够像她这样，以不竭的热情在自己拥有的一角天空，默默地放射自己的光和热，温暖着、滋润着人们的心灵，教他们如何爱、如何为弱小者和善良者献出心力，既不宏大，亦不卑微，一百年不间断、以一以贯之的从容和平淡，燃烧自己、烛照世间的人，在这一百年中，即使不是仅见，恐怕也是极为罕见的。②

---

①李朝全、凌玮清编：《世纪之爱：冰心》，第19页。
②李朝全、凌玮清编：《世纪之爱：冰心》，第24页。

冰心的逝世，引发了故交新友们相继撰写文章表达对老人的怀念与追思。从他们提供的诸多片段和侧影中，一位可敬可爱的文坛祖母再度变得鲜活起来。

回顾冰心近百年的生命历程：她的文学创作，以问题小说崛起，在散文、诗歌方面均取得独特建树，而她对推进儿童文学事业的发展做出了极大的贡献。她对爱的哲学一生坚守，以爱化人、以爱律己。秉持爱的信念，她融化了中日两国人民心中的坚冰，同党和人民坚定地站在一起走出了这个国家风雨如晦的十年，耄耋之年依然洞察现实笔耕不辍，让生命在最后的历程中放射出耀眼光芒。

她一生的经历堪称传奇，可她却把传奇净化成波澜不惊的平淡，永远向世人展现出从容、美好的一面。如果说冰心的人生经历是波涛起伏的大海，那么历经了风雨一路走来的她却从来不骄矜，反而一再谦和、卑微，平静的像无风的湖面。或许正是这种纯粹让人生暮年的冰心能葆有一颗赤子之心。晚年病榻上的她还不忘向来客要一份冰淇淋吃，这是何等的率性、童真。

“爱在右，同情在左，走在生命路的两

旁，随时撒种，随时开花，将这一径长途，点缀得香花弥漫，使穿枝拂叶的行人，踏着荆棘，不觉得痛苦，有泪可落，也不是悲凉。”①

冰心青年时期写的这句话，仿佛预言了她一生的轨迹。在生命的旅途中，与爱相伴左右的冰心，走得不徐不疾，既照拂了别人也芬芳了自己。对玫瑰钟爱有加的冰心，自始至终保持着优雅与从容，直至生命的陨落还在世间留下缕缕清香。心中盛放着爱和光明，生命就处处鸟语花香。

①李朝全、凌玮清编：《世纪之爱：冰心》，第72页。